家族兴旺从父母觉醒开始

陈捷 著

中国商业出版社

图书在版编目（CIP）数据

家族兴旺从父母觉醒开始 / 陈捷著 . -- 北京：中国商业出版社, 2018.4（2020.9 重印）

ISBN 978-7-5208-0307-6

Ⅰ. ①家… Ⅱ. ①陈… Ⅲ. ①家庭教育—通俗读物 Ⅳ. ① G78-49

中国版本图书馆 CIP 数据核字 (2018) 第 071862 号

责任编辑：朱丽丽

中国商业出版社出版发行
（100053 北京广安门内报国寺 1 号）
010-63180647　www.c-cbook.com
新华书店经销
三河市长城印刷有限公司印刷
＊
710 毫米 ×1000 毫米　16 开　13 印张　170 千字
2018 年 5 月第 1 版　2020 年 9 月第 2 次印刷
定价：49.00 元
＊＊＊＊
（如有印装质量问题可更换）

推荐序

作为一个有着三十余年教龄的教育工作者，我常常思考一个问题：究竟什么样的教师才是优秀的"人类灵魂工程师"？有人说，优秀的教师一定是桃李满天下的；也有人说，优秀的教师是能够把学生送进名牌学校的；还有人说，优秀的教师是受学生欢迎和喜爱的。

关于教师和教育事业的问题，我用了大半生的时间去践行和思考。所以，我想说，优秀的教师是那些热爱教育事业，同时发自内心关爱学生的人。正如托尔斯泰所说："如果教师只有对事业的爱，那么，他是一个好教师；如果把对教育的爱和对学生的爱融为一体，他就是个完美的教师。"

教育对我，是毕生追求的事业，在这段漫长的历程中，我从一个"教书匠"变成教育的思考者、研究者、实践者和创新者，我希望更多教师不仅成就自己的教育艺术，同时也可以在教育事业中收获幸福感。

为了实现我的事业追求，为了用创新激发教育的活力，我提出自己的"三动"理论，"三动"指的是"心动""行动""激动"。其具体实施方法是：用愿景引发"心动"，让教师产生付诸行动的动力；然后，通过实践研究帮助教师付诸"行动"；最后，用多种方式肯定教师的行动，促其"激动"，由此所获得的精神力量能够激发教师对教育事业的热爱和对学生的关爱。

"三动理论"的出发点是引发教师的情感体验，激发教师对教育事业的职业理念和教育情怀。多年的实践经验告诉我，只有当教育从业者怀揣着无比的热爱与激情，从事教育事业时，他才能为祖国培养出朝气蓬勃、积极向上的莘莘学子。

当我看到《家族兴旺从父母觉醒开始》的书稿时，我发现作为家庭教育工作者的陈捷老师，恰好就是那种心怀希望，由衷热爱教育事业，真心关爱学生的教师，而陈捷的情怀和陈捷老师的教育经历深深打动了我。

我一生的工作就是培养教育学生，我希望所有学生都能健康快乐地成长，为此付出再多辛苦我都在所不辞。可遗憾的是，有些时候，身为教师的我们无论多努力还是无法让学生有所成就，因为影响学生成长的不仅是学校的教育，同时还有父母的教育。所以，当我看到陈捷老师的新书是探讨父母教育对孩子的影响时，我感到无比欣慰。

当我在工作中与家长接触时，我发现很多父母并不知道如何为人父母，他们不知道怎样成为孩子的榜样，他们还不知道如何引导孩子积极向上，他们甚至不知道如何为孩子营造一个温馨和谐的成长环境。在这本书中，陈捷老师通过大量生动的案例，以丰富实用的方式方法，帮助父母定制成长计划，同时也提出针对孩子教育行之有效的解决方案。

本书语言明快，内容充实，在一个个感人至深的故事背后，我能看到一个个家庭从支离破碎到幸福圆满，一个个孩子从懵懂无知到智慧闪耀，一对对夫妻从冷漠相对到恩爱有加……

人们都说父母是孩子的第一任老师，当父母能够给孩子做出好的榜样，为孩子的成长培育肥沃的土壤时，身为"园丁"的我们才能培育出最灿烂的花朵。所以，我希望所有家长都能像我一样静下心来，好好阅读这本《家族兴旺从父母觉醒开始》，我相信，这本书会帮助所有家长，成为孩子成长路上最好的护航者！

北京百杰校长、北京市劳模，教育突出贡献奖获得者——高秀贤

自序

《心理暗示力》作者诺曼·文森特·皮尔说过：世界上最能驱动一个人的并不是由上而下的命令，而是由内而外的暗示。这种暗示的强大来自人内心的愿景和动力。

换句话说，当一个人知道自己为什么而来，向着哪个目标前进的时候，心中才会产生巨大的推动力。

十几年前，我并没有找到这种推动力。早期创业时，我在事业上取得了一些成绩，接触的人也是事业有成的业界精英、行业领袖，推杯换盏间都是意气风发，想着如何让企业扩张，赚更多的钱。

那时我在想，假如生命只剩下最后一天，我能给世界留下什么？只是几百上千个员工的就业机会而已。尤其在2007年《中国青年报》上看到一则关于"中日青少年野外生存训练赛"，中国孩子以惨不忍睹的0:7输给日本孩子时，内心那种民族自尊心和自豪感被强烈刺痛了。做企业可以赚很多钱，这些钱能不能让孩子在体能或智力中胜出呢？答案显然并不确定。

再看看身边或媒体上的报道：多少父母，事业有成却教子无方；家里不缺钱财，却找不到亲情之间的关爱；一个家庭不幸福甚至累及几代人；幸福的家庭却无法一直兴旺下去……

带着这些问题我开始思考"生命的价值"，意识到，父母强则孩子强，少年强则国强，这是一个宏大的命题。而父母强，会赚钱只是一个方面，会教育孩子，给下一代树立榜样才是更大的强，好的家庭教育才能推动社会进步。

于是我对自己的企业进行股改，变革之前的思维，向家庭教育锁定目标，远赴美国、澳大利亚、新加坡、日本，学习专业的亲子教育理论和心理学课程。带着专业的知识和心里被触发的教育情怀，开启了自己一年365天几乎无休的家庭亲子教育模式，从此一发不可收。

不是在上课，就是在上课的路上，身边认识的人最初很不理解，为什么一个处在事业上升期，事业版图即将遍布全国的企业家要去做跟孩子和家长打交道的事。我也会问自己，放弃唾手可得的一切，全年无休、风雨无阻奔波在课堂之间，围绕在孩子们身边真的值得吗？

十多年走下来，几千场家庭教育课程，无数个家庭因为我们当初的起心动念得到教育理念的提升，无数个孩子得以蜕变，内心的价值感油然而生，也让我义无反顾带着我的团队践行自己的使命：培养千千万万贤德的孩子，引领千千万万智慧的父母，造就千千万万幸福的家庭。

我笃定地相信，只有"教育"这条路，才是一条利家、利民、利国，提升别人、造福自己的事。而且，教育是一件功在当下、利在千秋的善事，是一项有情怀、有使命、有温度的事业。

自序

家庭教育是一条漫长的路，在这条路上，我们不仅要为孩子们指引方向，培育他们的人格、智力、德行，同时要努力成为他们效仿的榜样。

在指引方向、提升能力方面，华德育才打造"Yes，I can"青少年国际课程、"非凡口才"青少年领袖训练营、"梦想实践家·捷哥全球游学营"等成长系列系统课程，在系统地训练中让孩子变得自信、勇敢，智慧与能力一起成长。

在树立榜样方面，2010年6月9日我们成立了"捷爱基金"，在青海、吉首、湘乡、祁阳、芷江、开慧等地捐建希望小学13所，物资逾千万元。2017年7月，为我的母校福建省罗源二中成立"尊师重教"专项奖学金，首批捐赠100万元。未来，我还将继续以爱心做事业，用感恩的心教导学生，以身作则，做好榜样。也许，我们能做的很少，但我们一直在这条充满温暖的道路上前行着，努力着。

在我看来，教育和慈善是两面一体，最高境界的教育无非以回馈社会和他人作为最终结果，而慈善是一种习惯，一种状态，一种情怀，一种持续传承的精神力量。

感谢和我并肩作战的导师和自省上进的父母，以及每一个走进和走出华德育才的孩子们，这些都是一粒粒美丽的火种，未来必将星火燎原。

在教育孩子、引领家长的同时，我也时刻在提升和净化自己，越来越清晰自己的目标，从最初找不到内心的暗示力，到今天能靠着坚定的信念推动自己朝前走，我也在蜕变。

在蜕变的过程中，我越发明白，成人由于固有思维作祟，不经过长期打磨和引领很难改变，而孩子却容易被塑造。教育这条路，真正的根源是施教者，最好的教育场所是家庭。只有父母从内在觉醒去改变，才有能力教育和带动孩子。所以，这也是我从事教育这么多年，推出《家族兴旺从父母觉醒开始》的初衷。

我在书里对一些常见的家庭教育问题、解决方法，以及夫妻相处之道等做了探讨，列举了大量案例予以佐证。意在让读者，尤其是父母和教育者从书里找到自己的问题和指明教育孩子容易犯的错误。

希望每一个家庭都能收获幸福，每一对父母都能拥有教育智慧，每一个孩子都感受到力量和信心。

我们华德育才的愿景：建立全球第一所"家庭教育博物馆"，人们可以在这里找到家庭教育的路径，知道如何教育孩子，如何营造适合孩子成长的家庭环境，如何更好地理解夫妻的相处之道。我们还会建立全球第一所教师免费培训高等学府，帮助教师团队更好地提升专业素养，建立更多家庭教育课题研究组，用我们华德育才的力量推动千万家庭，让众多重视家庭教育的父母在我的书中或我的课堂上受益，这将对我是莫大的鼓舞，希望我们共同的努力为孩子的成长和未来助力。让每一个孩子在有爱、大爱、会爱的父母教育下，变成优秀卓越的人。这是我的心愿，也是华德育才的心愿。

陈 捷

2018年春节于澳洲黄金海岸

陈捷老师全球学员家长代表分享

  与陈捷老师结缘至今14年，作为他的学生之一，我很荣幸能跟随老师一起传播新时代家庭教育的理念和思想，有一句智慧语录叫"讲法不度人，活法真度人"。陈捷老师不仅仅是一位站在讲台上传道授业解惑的老师，他更是一位拥有太阳特质的生命体，用他的光和热时时刻刻都在照亮温暖着所有生命，我就是其中被照亮的一个。有一位如此明心见性、知行合一的明师是中国无数家庭的福音。再次感谢老师对我生命的唤醒和滋养。

  ——华德育才金牌导师、《成长的印记》作者 郑海明

  陈捷老师是一位充满智慧和大爱的导师，他身上有一股强大的正能量，就像太阳一样温暖着身边所有的人，他把所有的爱都奉献给了千千万万的青少年，引领着千千万万青少年从优秀走向卓越。他开办的智慧父母学堂帮助了无数的家庭从幸福走向和谐。

  ——华德育才高级导师 吴兴吾

  遇见陈捷老师是我人生最幸运的事情，通过学习陈老师的课程，我明白了一个女人的改变将兴旺整个家族，我会尽自己的力量影响更多的人走进"家族影响智慧"父母学堂，让更多的家庭得到帮助。

  ——阿根廷家长代表 郑小春

  祝贺陈捷老师的新书出版！家庭教育对孩子的成长和性格塑造起着至

关重要的作用，这本新作的问世，恰好可以指引每一个处于迷茫状态的父母如何正确处理亲子关系！

——珠海家长代表　滕璐蔓

陈捷老师是一位拥有大智慧的家庭教育导师，他也是一位充满梦想和激情的企业家，第10届"Yes,I can"我就把女儿何珈仪送进课堂一直跟随到现在的第21届，看到孩子的突破和改变，发自心底的高兴，感谢陈捷老师创办了这么好的课程，相信每一个家庭都会更加幸福。每一个青少年的生命都会绽放更加灿烂的花！

——北京家长代表　马贵勤

我是郑雅馨的妈妈。感恩两年前有缘结识了华德育才。十几年来，我把全部的时间和精力放在传统行业上，却忽视了对孩子的教育，甚至不在乎自己的健康。而在孩子最需要我的时候，我却把时间给了事业和金钱。还名正言顺地责怪她们说："你们太不懂事了，怎么都不能体会大人的辛苦呢？""看、你们享受的都比别人的好，我们都是为了你们好。"等等的话，可是孩子依然不懂得感恩，不理解我，自从走进捷哥的智慧父母课堂之后，我不仅学会了如何引导自己的孩子，正确地与孩子沟通，懂得观察孩子的情绪，引导管理孩子的情绪，走进孩子的内心，增进了我与孩子之间的感情；同时，也把我从金钱的深渊中拉回，转向自我成长，让生活更有品质，家庭更幸福。再多感恩的话，也不如一个具体的实际行动。我愿意帮助更多需要的家庭聚到捷哥身边来！

——福建家长代表　林明芬

两年前有幸结缘于智慧父母课堂。认识捷哥，是我这辈子最大的幸福。您不仅是孩子最崇拜的老师，也是我人生中最值得尊敬的良师益友，感谢您！是您给了孩子学习的动力，是您点燃了他的梦想，是您让他明确了自己的人生目标，特别是这次寒假与您一起相处的短短一个月时间，我感觉他一下子长大了，变化太大了，懂事了……谢谢您！孩子成长路上有您的一路指引与教导，我们会永远跟随您的脚步勇往直前……谢谢您！认识您真好！明君在此祝福老师：幸福美满！健康平安！

——湖南家长代表　蒲明君

欣闻陈捷老师的大作《家族兴旺从父母觉醒开始》即将出版，真是可喜可贺！您像一支蜡烛，照亮了无数的家庭和孩子，这无私的奉献，令人永志不忘。您讲课的语言，像悦耳叮咚的山泉，亲切似潺潺的小溪，激越如奔泻的江流……感怀您常给予指导和沟通让我与俩宝贝的相处更愉快，谢谢您！

——北京家长代表　李淑静

感谢捷哥对家庭教育做出的贡献，让我的儿子从优秀走向卓越，明确了自己的奋斗目标，敢于站上舞台勇敢地表达观点，在孩子需要帮助时您总能伸出援手，为他指明方向，谢谢您！

——台湾家长代表　吴健豪

捷哥说：有梦想的人生叫起航，没有梦想的人生叫漂泊。捷哥让我对人生进行了第二次思考，找到了我的梦想。感恩捷哥让我们的夫妻关系更甜蜜，感恩捷哥让我们家的亲子关系更为融洽。感恩捷哥让我们和孩子成为更优秀的自己。祝捷哥的事业蒸蒸日上！

——湖南家长代表　谭海燕

自从有了孩子，作为家长深深体会到家庭教育的重要性。多年以来一直在寻找专业的理论指导。有幸在寻寻觅觅当中遇到了陈捷老师。在他的"家族影响智慧"课堂中我收获颇深，学会了如何与孩子有效的沟通。在"Yes, I can"的课程里，让孩子找到了人生目标，树立了坚定的自信心。我们追随了陈老师三年，亲身体会到陈老师对家庭教育的热爱，对孩子们的那份真诚，他深深地打动了我们，让我们一直心存感激。

——北京家长代表　贾岚

我们整个家族都是陈捷老师的学生，感谢陈老师对我们的帮助和指引，让我们越来越好，孩子也很优秀，在"Yes, I can"的磨炼让他们懂得了感恩和珍惜，更学会了如何与我沟通，谢谢陈捷老师，感恩有您！

——香港家长代表　龚向丽

在捷哥心里每一个孩子都是世界上独一无二的天才！捷哥有一种特异功能，就是：无论是什么样的孩子，都可以住进他的心里！上过捷哥课的孩子，动不动就说：捷哥说……捷哥说……捷哥有一种神奇的魔力，可以让孩子们自动自发主动地热爱学习，热爱生活。捷哥的课程可以帮助孩子树立积极向上的人生观、价值观，激发孩子们的潜能，引导孩子们为了梦想而奋发图强，努力拼搏！捷哥是快乐的孩子王！是孩子们的偶像，学习的榜样，心中的精神领袖！

——湖南家长代表　李霞

我家小孩是福建长乐最早一批参加课程的，我发现他自从上了这个"Yes, I can"后，从学习成绩到待人处世方面都有提高。真的感谢捷哥的栽培，感谢华德育才所有辛苦付出的工作人员，谢谢你们！

——美国家长代表　林滨滨

陈捷老师全球学员家长代表分享

　　感恩遇见陈捷老师，自从接触华德育才，听了陈捷老师的智慧父母学堂，作为一个女人，我认识到了以前思想上存在的很多误区，开始努力改变自己。深知爱孩子就要好好爱自己的另一半，好好爱自己，知道做一个快乐妈妈的重要性。我的女儿参加了"Yes,I can"的课程也进步很大，她很喜欢陈捷老师，感谢陈捷老师朋友圈的正能量，感谢陈捷老师给我和孩子的鼓励。以前我不爱学习，单位的活动也不爱参加，单位考试也无所谓，听了智慧父母学堂，深知教育的极致是行为影响，我积极学习并努力快乐工作，争取做好孩子的榜样。积极报名复习，通过了单位的中级执法资格考试，荣立了三等功。感恩遇见，感谢华德育才，感谢捷哥！

——南京家长代表　李秀霞

　　说到捷哥我会有说不完的话，我能有一个非常幸福的家庭，有这么可爱懂事的孩子，都是捷哥的教育方式深深地鞭策着我。来自"原生态家庭"的我从小在父母的争吵中成长，生来就没有感受过什么是真正的家庭温暖，更别说受过父母的教育。非常有幸在我结婚生子的这一年结识到了陈捷老师，让我从一个不懂得如何沟通更不懂得教育孩子的我，看到了希望。跟随陈捷老师学习已有三年多的时间，我的生活发生了翻天覆地的变化，从一个什么都不懂的人到现在也成为了家庭教育导师！最值得骄傲的是，我那三岁半的孩子还登上了1000人的舞台做演讲，这一切的一切都感恩我们最智慧最有能量最具大爱的陈捷老师！陈捷老师将会是我们成千上万个家庭的人生导师，我立志助力华德育才和陈捷老师，帮助一千万个家庭走进华德教育，培养千千万万个优秀的孩子成为中国有用的人才、国家的栋梁。祝陈捷老师的新书畅销全球，狂卖热卖。

——中山家长代表　柏宁

我们都希望孩子能够成为耀眼的明星、父母的骄傲，让他（她）们赢在起跑线上。通过捷哥的"智慧父母课堂"和"Yes, I can"我才知道，一棵小树如果太早开花结果，结果可想而知。为了孩子将来能够成长为参天大树，还是要在心灵和品质上，在根基的培植上多用功。父母是原件，孩子是复印件！原件是榜样，复印件也一定是佼佼者！未来持续跟随捷哥一起做孩子的良师益友！

——湖南家长代表　杨开兰

捷哥是我寻寻觅觅多少年的青少年梦想导师！为了培养千千万万贤德的孩子，引导千千万万智慧的父母，造就千千万万幸福的家庭。捷哥一直拼搏在路上。我的问题解决了，你的孩子、他的孩子问题解决了，我们的孩子进步了，成了奋发有为青年。捷哥是孩子们的好老师，好朋友，偶像！我们一直没有忘记捷哥常年奔波在世界各地，把世界各地风景区当课堂，把大大小小会场当课堂的。佩服捷哥的才学，被捷哥的坚持和毅力所折服，钦佩他奉献所有时间和大爱给孩子！我由衷地说：捷哥，您辛苦啦！捷哥的父母及家人们，您们辛苦啦！华德育才就是我最愿意、最放心把儿子送去学习的地方。

——湖南家长代表　罗军

陈捷老师的课程是非常有魔力的，不论是家长还是孩子只要走进捷哥的课堂都会被他深深地打动。他用爱心做人做事，把所有的时间奉献给千千万万的家庭和孩子，这种精神时刻温暖着我们的心灵，他永远是我们心中值得尊敬的老师和企业家。我的儿子有幸成为捷哥的弟子，让他拥有了一颗奋发向上的心并坚定目标勇往直前，谢谢捷哥，感恩有您！

——湖南家长代表　李世娥

每一个人，都有一个不同的生命跑道！在历史长河中，只是瞬间！这条跑道，世后皆由子孙及后人评价：或淡然无光忙碌一生；或光芒四射影响深远！我认识的捷哥，属于后者！十年前的一场青少年报道，改变了捷哥的人生轨迹！改变了并影响我们夫妻和两个孩子及身边很多家庭！相信未来，一定会深远影响更多的家庭和家族，甚至是我们的民族和国家，认识捷哥，让孩子和我们结缘华德育才，是内心绽放的感召！更是一个人婚姻、家庭、事业的平衡与社会共需，与其说"捷哥赢，华德育才赢，青少年教育赢"，不如说"青少年赢！家庭教育赢！祖国的未来一定赢"！民族的复兴一定可以实现！我感恩：我与捷哥，与华德育才，与关注青少年教育的家人们相遇在这样一个伟大的时代！我坚信：我们彼此努力，世界将成为美好人间！对于2018及未来：不忘初心，方得始终！

——**无锡家长代表　丁德祥**

感谢陈捷老师创办的智慧父母课堂，让我们的家庭充满了欢声笑语，孩子也找到了人生的目标和方向。给孩子留家财万贯不如把孩子培养成对社会有用的人。再次感恩陈捷老师，谢谢您！

——**上海家长代表　聂海宁**

陈捷老师十年如一日专注于家庭教育事业，影响了近百万家庭，改变了近百万孩子的命运！说自己所信，信自己所做，做自己所能！是对捷哥最好的诠释！《家族兴旺从父母觉醒开始》将让天下父母觉醒，家族兴旺发达！感恩陈捷老师！

——**珠海家长代表　葛丽**

六年前的遇见，六年前的选择，六年来风风雨雨中的坚持与跟随，六年后身、心、灵的蜕变成长……时光虽然流逝，但情义却日日递增。人生，真的需要导师！把自己交给谁，你也将成为像谁一样的人，深深感恩生命中那束一直不曾离开的光——捷哥！突然发现，邂逅内心真正愿意追随的导师是自己这一辈子无法用金钱去衡量的终其一生的最大福分，我和昱涵何其有幸！

——湖南家长代表　刘湘

一个人要有怎样大的胸怀才能做到舍！陈捷老师是一位勇于放下所有去成就孩子的老师，他肯舍弃如日中天的商业世界，肯舍弃私我的时间陪伴全天下孩子的成长，更舍得放下自我，聆听孩子的声音。我们的孩子也从一个个小小的懵懵懂懂的少年，变成一个个果敢、自信、勇于担当的汉子。感谢陈捷老师在孩子成长道路上给予的陪伴和指引。名师如明灯，让这些孩子在人生道路上不再迷茫，不畏现在，不畏未来，勇往直前追求理想！

——珠海家长代表　罗章方

当我一看到陈捷老师新书的名字《家族兴旺从父母觉醒开始》我就十分地兴奋，这一定是一部非常值得期待的好书。陈捷老师是孩子教育的真正专家，他的认知能力就像一盏明灯，指引着我们和孩子。相信能看到这本书的父母一定是最幸运的！好期待！祝福您陈捷老师！感谢有您！

——珠海家长代表　滕林秀

目 录

家庭篇 建立和谐美满家庭，才是给孩子最好的爱

第一章 和睦友爱，让孩子感受爱的正能量 / 3

当一对男女携手走进婚姻的殿堂，一个叫作"家"的小世界就此诞生。对于一个"家"来说，婚姻并不是它的归宿，幸福相守的夫妻才是"家"存在的真谛。幸福的家就好像太阳一般，在温暖的阳光下，在饱满的能量中，万物才能生机勃勃地成长。在幸福的家庭环境里，孩子才能感受到爱的正能量，才能阳光快乐、健康向上地茁壮成长。

第二章 用心沟通，给孩子一个充满爱的家 / 19

爱情是"相爱一生，相守一人"的誓言，婚姻是爱情开花结果的产物。美好的婚姻不是必然的，只有用心地沟通，才能让爱像源源不断的小溪一样，灌溉出婚姻的沃土。父母给孩子最好的礼物，不是金钱，不是权利，而是爱，对伴侣的爱，对家的爱。所以，从这一刻开始，和另一半好好沟通，让孩子感受爱的温度。

自我篇 父母负责阳光雨露，孩子自然茁壮成长

第三章 内外兼修，做一名新时代好妈妈 / 41

在这个世界上有一种妈妈，她就像温暖的春风一样，带给孩子的永远都是阳光雨露。这种妈妈的特点是不仅很爱孩子、很爱丈夫，同时她

也很爱自己。而懂得爱自己的女人，不仅会注意外在的保养，还会注重内在的修养。这种内外兼修、优雅端庄、气质如兰的妈妈，才能培养出同样内心丰盈、举止得体的孩子。

第四章 智慧修炼，做最好的自己 / 61

如果你想在孩子心里洒下和煦的阳光，那你自己心里必须光辉灿烂；如果你想孩子的人生是一道亮丽的风景，那你必然不能在别人的风景里当背景板；如果你想让孩子自信、勇敢地做最好的自己，那你一定要先修炼出最好的自己。

教育篇 破解教育密码，送给孩子一份受用终身的礼物

第五章 身体力行，培养孩子良好的品行 / 81

不耕耘，不播种，再肥沃的土壤也无法长出果实；没有鼓励，没有引导，再优秀的孩子也无法功成名就。每个孩子都是一座无比珍贵的宝藏，而只有智慧的父母才能发掘孩子身上最美好的品德，培养孩子最高贵的品性，树立孩子最高远的志向，让孩子像宝石一样晶莹剔透、璀璨夺目。

第六章 成就未来，在孩子的心中种下"Yes, I can"的种子 / 101

孩子的心田是一块神奇的土地，父母播种下梦想，便会收获希望；父母播种下快乐，便会收获欢笑；父母播种下好习惯，便会收获好未来……想要成就孩子美好的人生，让孩子活得足够精彩，就从这一刻开始，在孩子心中种下希望的种子吧！

总结篇 确立家族方向，你是否正在觉醒

第七章 自我审视，家族兴旺从父母觉醒开始 / 141

"设计什么都不如设计经历，规划什么都不如规划生命。"

身为父母，也许你从未意识到自己对孩子的意义，又或者你还没发现孩子因你错失了什么。现在是时候进行自我审视了。从这一刻开始，

目录

觉醒！把孩子培养成家族的希望！

附录 "Yes，I can"青少年国际课程（6~18岁）学员见证 / 159

1. "Yes，I can"回忆录——叶涛 / 160
2. 如果我们不曾相遇——向寒 / 162
3. "Yes，I can"回忆录——张湘强 / 165
4. "Yes，I can"有感——刘家乐 / 167
5. 榜样·信念——郭宏志 / 169
6. 与你们，与他——高剑晖 / 171
7. 在生命中最美好的年华碰见了他——谭炜健 / 174
8. 得之·我幸——蔡诗明 / 179
9. 独立·勇气——谭智元 / 182

后记 / 184

家庭篇

**建立和谐美满家庭，
才是给孩子最好的爱**

第一章
和睦友爱,让孩子感受爱的正能量

当一对男女携手走进婚姻的殿堂,一个叫作"家"的小世界就此诞生。对于一个"家"来说,婚姻并不是它的归宿,幸福相守的夫妻才是"家"存在的真谛。幸福的家就好像太阳一般,在温暖的阳光下,在饱满的能量中,万物才能生机勃勃地成长。在幸福的家庭环境里,孩子才能感受到爱的正能量,才能阳光快乐、健康向上地茁壮成长。

1. 善于发现对方优点，欣赏对方

有人说："恋爱就是发现对方的优点，婚姻就是消化对方的缺点。"可是，如果你在婚姻里只顾着消化、解决对方的缺点，那么，无论你的心胸如何宽广，你的爱迟早都会在负面的情绪里消失殆尽。所以说：好的婚姻，绝对不是被动地消化对方的缺点，而是要主动发现对方的优点；好的伴侣不是委曲求全地接纳对方的缺点，而是积极主动地欣赏对方的优点。

在婚姻里，很多人都会抱怨生活的不幸，埋怨另一半对自己不够好。我相信，如果让一对夫妻说说对方的缺点，他们一定能说上好久："我老公不讲卫生，脏衣服、臭袜子随处乱扔。""我老公回到家只会打游戏，从来不帮我做任何家务。""我老婆每天逛淘宝，总是乱买各种没用的东西"……当另一半如数家珍一般数落着对方的缺点时，你一定会觉得他们的婚姻简直面目全非。

可是你要知道，在这个世界上人无完人，每个人都有自己的缺点，如果你在婚姻里拿着放大镜去找对方的缺点，那夫妻之间的矛盾就会自然而然地产生，当你反复念叨这些缺点的时候，矛盾就像滚雪球一样越积越大，到最后，你们夫妻之间的婚姻关系只会变得无比危险。

我们可以试想一下：你把几滴墨水滴入水中，然后拿起一根筷子不停地搅动，那么，杯底的墨汁马上就会往上翻腾，水随即变成黑色。其实，婚姻的状况,就像这杯被搅动的水,对方的缺点就如同那几滴墨水,当一方不停地这样搅拌时,你们的婚姻就只能在黑暗和浑浊中度过。

如果你不想自己的婚姻失去阳光,从此陷入黑暗当中,那么,从现在开始你就要学会改变。关于如何改变,下面这段对话应该可以给你一定的启发。

甲和乙在一起聊天,甲对乙说:"你老婆有缺点吗?"

乙答道:"有!多得就像天上的星星!"

甲又问乙:"那你老婆有优点吗?"

乙再次回答:"我老婆的优点少得就像天上的太阳。"

甲好奇地问乙:"既然她的优点那么少,为什么你还那么爱她呢?"

乙认真地说:"因为太阳一出来,星星就不见了!"

在婚姻中,夫妻的相处之道需要的就是这种"太阳一出来,星星就不见了"的心态。因为,只有当你多看对方的优点,忽视对方的缺点时,你们才能以彼此欣赏的态度,和谐美满地一起生活。那么,夫妻之间要如何才能做到彼此欣赏呢?

举例来说,当老公早上穿上一件新西装时,不懂欣赏的老婆会说:"你穿西装怎么感觉怪怪的。"而懂得欣赏的老婆会说:"哇,老公你真的好帅啊,记得一定不能看美女啊!"当老婆花了三个小时,精心做了一个新发型后,在老公面前走来走去时,不懂得欣赏的老公会说:"不要挡住我看电视,快点走开。"而懂得欣赏的老公会说:"哇,老婆这个新发型太适合你了,简直太漂亮了。"

懂得欣赏老婆的老公,一定要把老婆当作心中永远的维纳斯,任何时候都要学会欣赏自己的老婆,对老婆每一个动人之处,都要给予赞美,让老婆发自内心地感到快乐。早上起来的时候,不要忘记给老婆一个吻;出差回来,不要忘记给老婆带一份礼物;有时间的时候,多陪陪老婆和孩子;没有时间的时候,别忘了给焦急等待的老婆捎句话……

懂得欣赏老公的老婆,一定要把老公看作心目中的英雄,也许你的老公挣钱不多,但是你要看到他疼爱孩子,孝敬老人,这样踏实顾家的男人已经非常难得;也许你的老公脾气不好,但是你要知道他勤奋上进,做事有责任心……你的老公一定有值得欣赏的闪光点,不然,你当初也不会选择与他携手一生。当你像恋爱时一样欣赏老公的优点时,你会发现,你的老公其实一直都很优秀!

在生活中,只有彼此欣赏的婚姻才能够美好如初。所以我说,幸福婚姻的核心就是发现对方的优点,经营快乐婚姻的核心就是欣赏对方的优点。如果你对另一半的欣赏已经因琐碎的生活一去不返,那么,跟着我做以下三个步骤,你就能从对方身上找到"阳光"。

步骤一:写出另一半的 10 个优点

如果让你写另一半的缺点,你可能会大书特书。但是,写优点,却让很多人感到一脸茫然。没错,当你只顾着想对方缺点的时候,你是很难发现对方身上的闪光点的。所以,试着放下那些让你崩溃的缺点,提笔写下对方的优点,想想那些让你动容或者动情的一刻吧。好好回味一下那种爱的美好,你很快就会爱上这种感觉。

步骤二：从目光开始，让对方感受你的在乎

眼睛是心灵的窗口，当你爱上对方的时候，你的眼神第一时间出卖了你的心。现在，用你的目光告诉你的老公或者老婆，你对他或她的爱和欣赏。当对方从你的眼神中感到你对他的在乎时，他的心也会感到温暖。

步骤三：少一些指责，多一些自责

当你一直不断地将对方的缺点放大，不停地指责对方时，你会发现对方只会变得越来越糟糕。所以，在婚姻中，一定要多自责，少指责。当你学会自我反省，而不是批评他人时，婚姻中的问题才会迎刃而解。

2. 你幽默，也会让你身边的人快乐

如果说婚姻是被岁月磨去色彩的旧口袋，那么，幽默就是一颗暗藏在口袋深处的糖果，在你感到失望或者无助的时候，它会带给你一丝清甜的安慰。

对于天下所有夫妻来说，婚姻其实就是一场漫长而琐碎的相处。常言道，相爱容易，相处难。所以我要说，和谐相处是长久相爱的前提。在婚姻的历程中，幽默就像润滑剂，当矛盾和冲突让相处变得异常困难时，适当地发挥幽默感，便可化紧张为和谐，有效减少摩擦，让婚姻生活多一点快乐，少一点冲突。

关于夫妻之间相处的幽默之道，有一个故事诠释得特别准确。

从前，有一对夫妻，他们结婚几年之后，感情一直特别好。有一天晚上，丈夫和朋友一起喝酒，忘了给妻子打电话，直到午夜，丈夫才开始往回赶。在路上，丈夫心里反复嘀咕：妻子一定做了晚饭，并且等到很晚，现在，她一定非常生气，等我回到家她一定会对我发脾气。到了家门口，丈夫轻手轻脚地打开门，进了屋，只见客厅的落地灯亮着，灯旁的桌上放着一张纸，上面写着：饭在桌上，汤在锅里，我在床上。丈夫看完纸条后，心里感到无比愧疚，这之后，他再也没有犯过不向妻子交代一声就外出应酬的错误。

家庭篇
建立和谐美满家庭，才是给孩子最好的爱

俄国文学家契诃夫说："不懂得开玩笑的人，是没有希望的人。"我想说，在婚姻生活里，不懂得幽默之道的夫妻，是没有"前途"的夫妻。有着"婚姻教皇"之称的人际关系专家约翰·戈特曼经过研究发现：当幽默在冲淡紧张和冲突方面起到一定作用的时候，婚姻关系往往会得到延长。所以，如果你想智慧地经营自己的婚姻，让你的婚姻生活长久而快乐地走下去，你就要懂得运用幽默的力量。

婚姻需要幽默，想要获得幸福的夫妻，需要培养幽默感。选择用幽默的态度对待婚姻里的问题，就是选择了一种乐观积极的生活方式。我们都知道，在平淡而琐碎的生活中，几乎所有夫妻之间都会出现这样或那样的问题，当问题浮出水面时，各说各理的夫妻只会渐行渐远。而幽默处理方法，不仅能化解矛盾，甚至还能提升夫妻之间的小情趣。

彤彤和小北是一对小夫妻，两个人结婚不久，感情还不错。只是，小北太过邋遢的毛病，一直让彤彤十分困扰。

有一次，彤彤的母亲生病了，于是，她就回到娘家住了几天。经过彤彤的细心照顾，母亲的病也好得差不多了，彤彤看起来也憔悴了许多，盼望回到自己温暖的小家，好好睡一觉。等她回到家的时候，顿时怒上心来，家里到处都是灰尘，东西也乱放，原来这几天小北的公司要竞标一个大工程，所以，他一直忙着加班，根本没有时间收拾屋子。

彤彤很气愤地说："我在家的时候，你不收拾也就算了，但是这几天我不在，你也不打扫下屋子，你看这像家吗，简直就是一个猪窝，床上还睡了一头猪。"小北听了之后，本想解释一下，但是觉得老婆正在气头上，就淡淡一笑说："猪饿了，晚上给猪做啥好吃的啊？"彤彤听了这话先是一愣，转而笑着说道："猪想吃啥就吃啥。"

家庭不是法庭，所以，夫妻之间并不需要辩论谁是谁非。许多幸福的家庭，老公或者老婆恰恰是凭借"不着调"的幽默讨得对方欢心的。相反，那些日日拘谨严肃，不随便说笑的夫妻，反而会两看相厌。

婚姻需要快乐，快乐离不开幽默。那么，在婚姻中如何运用幽默为爱情保鲜，为婚姻生活创造更多快乐呢？接下来就为大家介绍五个"让婚姻快乐的金钥匙"。

金钥匙一：共享他人幽默

夫妻要学会从他人的幽默智慧中获得快乐，可以一起去看喜剧演出，也可以留在家里，观看彼此都喜欢的喜剧电影，当然，也不妨听听朋友们有趣的事情。这种不用自己费心就可以获得的快乐，可以让彼此度过惬意的时光，缓解白天的工作压力和紧张情绪。建议共同多看爱情喜剧片，在开怀大笑的同时，可以从中获得更多夫妻相处方面的建议。

金钥匙二：重拾童年游戏

偶尔变回淘气的大孩子，从简单的游戏中获得最质朴、最激动的快乐。脱下光鲜的西装、耀眼的首饰，和伴侣来一次竞技游戏，如水枪大战，争夺一件小玩具，贴纸条玩扑克等，在快乐氛围里，摆脱了一天的疲惫和烦恼，更给二人的亲密行为打开绿灯。但是注意，游戏是为了快乐，而不是为了分胜负，要避免那些制造紧张氛围的游戏。

金钥匙三：学会适当自嘲

不要害怕被嘲笑，相反，爱人会从你的自嘲中看到你的谦逊和智慧，拥有这种自我牺牲的精神，你在对方眼里，会变得更加无私又可爱。通常，女性的言语分析力更强，更具幽默的智慧，可以用语言创造轻松、随意的氛围。而男性如果能够意识到自己的小毛病，并在妻子面前自嘲一番，相信她会一改往日的眉头紧皱，欣然一笑，这岂不是皆大欢喜？

金钥匙四：回忆有趣的场景

曾经有趣的场景、好笑的故事都是值得回忆的快乐元素。法国心理学家和社会学家多丽丝·巴兹尼曾说：拥有快乐，并在日后与伴侣回忆快乐的场景，会让婚姻关系更持久。因为，分享过去的快乐是一种慷慨，是乐意为对方奉献欢笑，也是爱的表现。这种欢乐可以源自别人的笑话，也可以是你们之间的嬉戏，还可以是一次有趣的经历。

金钥匙五：吵架中发挥幽默

试着在对方怒不可遏时做个鬼脸，模仿他的表情，或者说些有趣的话，并且面带微笑。记住，你这样做的初衷，绝不是取笑对方，而是在自娱自乐和缓和气。毕竟，运用幽默，表现幽默，都是为了增添家中的正能量，让自己快乐，更让你爱的那个人快乐。

3. 幸福家庭，都拥有一颗童心

在很多人看来，童心就是我们小时候玩的玩具，时间到了，自然就会退出人生的舞台。事实真的如此吗？至少在我看来，事情并不是按照这个轨迹发展的。

从我的角度看，童心并不是"很傻、很天真"的少年情怀，童心是我们经过生活历练，走过婚姻磨砺之后，依然保持"简单快乐"的心境。在婚姻生活中，始终保持一颗童心，不仅能增加生活的乐趣与活力，同时，还能帮助父母走进孩子的内心世界。所以，无论你是公司的精英高管，还是严谨的政府官员，又或者你只是一个认真勤奋的白领一族，当你进入婚姻之后，你都要尽量保持一颗童心。

很多人喜欢钱钟书是因为他的经典著作《围城》，在作家这个身份之外，钱钟书和杨绛的感情同样被人们津津乐道。据说，钱钟书与杨绛的爱情保鲜剂就是童心和童趣。在杨绛的一段回忆中，她曾这样说道："我们在牛津时，他午睡，我临帖，可是一个人写字很困，便睡着了。他醒来见我睡了，就饱蘸浓墨想给我画个花脸。可是他刚落笔我就醒了。他没想到我的脸皮比宣纸还吃墨，为洗净墨痕，脸皮像纸一样快洗破了。以后，他不再恶作剧，只给我画了一幅肖像，上面再添上眼睛和胡子聊以过瘾……"

家庭篇

建立和谐美满家庭，才是给孩子最好的爱

钱钟书和杨绛在四十多岁的时候，还会在果园里面玩捉迷藏的游戏，他们可以维持完美婚姻除了因为两人都才华横溢、志趣相投之外，感情中的童心和童趣同样非常关键。

童心是一种积极向上的态度，是一种超脱自我的境界，在婚姻生活中保留童心的夫妻，即使容颜不再年轻，身姿不再轻盈，依然可以拥有发现快乐的眼睛，依然能够绽放最美的笑容。接下来，我将带大家一起领略，用童心未泯的态度面对婚姻生活将会有什么不一样的收获。

收获一：接纳最真实的自己

孩子们遇到开心的事情就会笑，遇到不开心的事情就会哭。他们不会去介意周围世界的反应，他们可以自在地表达自己的情绪。相反，成人的世界就不一样，成年人心里想的是我应该怎么做，而不是我愿意怎么做。所以，在适当的时候，用孩子般的童心面对生活，打开心灵的枷锁，像孩子一样认同自己，喜欢自己，接纳自己，从而成为快乐的自己。

收获二：享受好奇心带来的乐趣

孩子们对这个世界是充满好奇心的，而好奇心会为你的生活增添乐趣，成为你快乐的圆圈。在婚姻生活中，如果你对世界失去了好奇，世界也会对你失去好奇。所以，千万别让你的婚姻生活变成一潭死水，只有不断追求新鲜和激情的婚姻才会拥有真的快乐。

收获三：体味追求梦想的过程

孩子们的梦想都是最美好、最纯真的，他们追求自由，向往快乐。在婚姻中，如果你还怀揣着如孩子一般美丽的梦想，那么，无论你的生活境遇如何，你都能体会那种憧憬希望带来的快乐。梦想不是孩子的专利，只要你的童心还在，你就有做梦的权利。只要还敢于做梦，你就有机会享受美梦成真的快乐。

在婚姻中拥有童心的人，无疑是幸福和幸运的。如果你也希望做个童心未泯的老婆或老公，从这一刻开始修炼自己的童心吧。

修炼童心第一步：关注和关爱自我

为什么有些人在婚姻中会失去童心？一方面是因为缺少浪漫的天性，另一方面是缺少了对自我成长的审视。你是不是太过在意周围的世界，你是不是太介意自己的得失？正是因为这些束缚，你才会忽略来自心灵深处的声音，失去了心灵的自由。所以，想要修炼童心，首先要关注和关爱自己，倾听自己的声音是唤回童心的第一步。

修炼童心第二步：宽容和善待生活

在婚姻生活中，没有人是一帆风顺的，几乎所有夫妻都会遇到问题，都会感到伤心难过。但是，只要我们能像孩子一样，以宽容的态度，善待自己，善待生活，那么，感情的伤口很快就会痊愈。

修炼童心第三步：真心和真诚微笑

孩子的微笑是最美的，因为，他们的笑是发自内心的，他们的笑是最真心、最真诚的。向孩子学习，拿出最美的微笑。当你笑的次数越来越多之后，你的婚姻生活，你孩子的童年才会充满快乐。

4．制造浪漫情调，送给他感动到哭的惊喜

钱钟书在《围城》中把婚姻比作爱情的坟墓，很多结了婚的男男女女也觉得在婚姻中，把时间和精力花在情情爱爱上并不现实。我想说的是，无论是在生活中，还是在婚姻里，我们从来就不缺少爱，因为，我们本身就是爱的发光体。婚姻之所以会变成爱的坟墓，只是因为我们不知道如何去爱，如何被爱。

我想告诉大家，所有女人都不缺爱，所以，女人渴望的不只是爱，而是被温柔以待的浪漫。很多女人在进入婚姻之后，都要面对柴、米、油、盐的琐碎生活，当这些现实把女人的浪漫消磨之后，她们还是会憧憬被人关注和关怀的美好感觉。

有人说，在婚姻里渴望浪漫是奢侈且无用的。但我想说，浪漫虽然虚无缥缈，但它却是幸福婚姻不可或缺的。浪漫通常会带给人带来美好和温暖的感觉，所有女人都期盼能和另一半在婚姻里浪漫携手一生，所以"我能想到最浪漫的事，就是和你一起慢慢变老"的歌词才会如此打动人心。

浪漫对于婚姻的重要性已经毋庸置疑，那么，如何才能让对方感受到你的浪漫情怀呢？我想说，浪漫其实是一种感觉，这种感觉来自出其不意的惊喜和感动。所以，想让浪漫在你的婚姻中长期驻守，就要时不时地给对方送上一份惊喜礼物。

人人都喜爱礼物，但是，人们爱的不仅是礼物带来的物质享受，人们更在乎收到礼物时那种满足感与幸福感。在夫妻相处的过程中，送礼物是一个非常必要的相处方式。但是，我发现很多人不是没有送过礼物给自己的伴侣，就是不知道如何送礼物给自己的伴侣。那么，夫妻之间要如何通过送礼物表达浪漫情怀呢？

我认为，送礼物的关键在于"包装"。这里所说的"包装"，有两层意思。第一层就是表面的意思。举个例子来说，老公给老婆买了一个新手机，如果直接把手机送给老婆，虽然老婆也会非常高兴，但是，她却很难体会到浪漫的情怀。相反，如果你用心地包装礼物，当对方撕开一层又一层的包装纸之后，看到礼物的惊喜与浪漫感觉，会让对方的幸福感爆棚。当然，如果你能亲手写一张"I love You！"的卡片，这种幸福的感觉会让她回味很久。

"包装"的第二层含义就是，要学会赋予礼物"感情"。很多人觉得男人送女人礼物是天经地义的，女人送男人礼物就可有可无。这话其实是大错特错的，女人同样需要送男人礼物。事实上，女人们常常会给男人买东西，只是少了送礼物的仪式感。女人们可以回想一下，"双十一"给老公买了衣服之后，你们是如何做的。是不是告诉他"这衣服给你的，打一折"。智慧的女人即使买了打折的衣服，也不会让老公知道，而是告诉他："老公，这衣服是我跑了好几条街买来送给你的。"同样是给老公买一件衣服，第二种说法立马让这件礼物变得有了感情和温度。

在婚姻中，衡量一个人是不是足够爱你，不是看礼物的贵重与否，而是看他有没有花心思为你挑选最合适的礼物。代表爱与浪漫的礼物，不是他给了你多少，而是他有多少给你多少，所以，智慧的人不应该过分在意礼物的价值,而应该关注对方是否真的花了心思。在这个世界上,所有值得感动的浪漫之举都是经过精心设计的。如果愿意让你的老婆或者老公享受婚姻里的浪漫,那就请用心地为他(她)设计一份礼物。在他(她)的生日,在你们的结婚纪念日,在浪漫的情人节,在卡片上写上"我爱你!"就可以了。

最后,如果你觉得送礼物还不足以让你的婚姻充满浪漫的幸福感和甜蜜感,那么,你可以尝试以下几种方式:

(1)每天晚上,都能抽空陪着爱人去散步,看看黑夜下的霓虹灯,听听四周穿梭不息的鸣笛声,浪漫其实很简单,陪伴而已。

(2)再忙的时候出门也别忘记告别吻,临别的一吻能把你们彼此的心联系得更紧密。如果出门在外,那么每天的电话是必不可少的,要让她感觉到你从来就没有离开过。让她知道不管你在哪里,心还留在她那里。

(3)你的手机是一个有力而便捷的工具,可以发送小信息,让他知道你如何想他,你爱他,他是你遇上的最佳人选。

(4)对那些带便当做午餐的丈夫,传情字条不失为一个好办法,当他在打开午餐盒之前读到你写的字条,无疑会大大有助于他的消化。

(5)有不少为两个人提供价钱公道的按摩的好地方。一起做一次足部按摩或全身按摩,不失为一起边聊天边放松的好办法。

(6)在不是特殊的日子安排一个烛光晚餐,不是非要到了纪念日才可以去浪漫。

(7)两个人一起去一个陌生的地方也是一个不错的选择,不一定要去多远,哪怕在周围找个酒店一起度过一晚也是可以的。重点是两个人一起,把彼此的电话关掉,这一晚是专属于你们的时间。

第二章
用心沟通,给孩子一个充满爱的家

爱情是"相爱一生,相守一人"的誓言,婚姻是爱情开花结果的产物。美好的婚姻不是必然的,只有用心地沟通,才能让爱像源源不断的小溪一样,灌溉出婚姻的沃土。父母给孩子最好的礼物,不是金钱,不是权利,而是爱,对伴侣的爱,对家的爱。所以,从这一刻开始,和另一半好好沟通,让孩子感受爱的温度。

1. 从说"我爱你"开始，让语言沟通架起爱的桥梁

有人说，婚姻就是一个从无话不说，到无话可说的过程。可是我想说，没有语言沟通的婚姻，就像一座寒冷的城堡，生活在其中的夫妻和孩子，不仅无法感受到爱，还会被这种冷漠的相处模式"冻伤"。

在婚姻生活中，很多人都认为是：我爱他，他应该知道；我关心他，他应该了解；我感激他，他应该清楚。可是有时候这些"应该"，如果你不说，他真的就不知道。

在课堂上，我曾经遇到过这样一对夫妻，丈夫特别喜欢批评自己的妻子。妻子常常为此感到苦恼：为什么自己如此失败，为什么自己就没有一点优点呢？后来，在聊天中，我问这位丈夫："难道你就那么不喜欢自己的妻子吗？"丈夫非常诧异地说："我怎么可能不喜欢她呢？她是我这辈子见过最好的女人。"我又问："如果你喜欢她，为什么总是批评她呢？"丈夫回答："如果我不批评她，她怎么改变自己的缺点，怎么变得更好呢？我因为爱她，才对她要求更严格。"

这位丈夫的爱就是所谓的"爱之深，责之切"。可是，他说的话都是批评的话，他的话里面完全体现不出他的爱，而这位妻子根本不知道丈夫对自己的爱是如此深切。所以我说，良性的婚姻，一定是建立在良好的语

言沟通基础上的。如果你爱对方，就要勇敢地说出来。

在夫妻的语言沟通中，油嘴滑舌的甜言蜜语，可以说是婚姻生活最好的调味剂。值得注意的是，不管你的表达方式是什么，最关键的两个字就是"肯定"。肯定的语句能给人带来愉悦，比如：你知道吗，我最喜欢你专注的样子。又或者：我这辈子我最骄傲的事情，就是嫁给你。类似这样的表达方式，往往能带给对方无穷的快乐，相反，不确定的表达会让对方怀疑自己，比如：我感觉你穿这件衣服也挺好的。或者说：你很好，我觉得我嫁给你是对的。不一样的表达，给对方的感受完全不同。

现在，有一个现象非常有趣，就是越来越多的人开始加入"低头族"。据统计，中国人每4分钟就要低头看一次手机。所以，很多人回到家中，既不和妻子说话，也不和孩子交流，只是低着头沉浸在手机的世界当中。这种缺乏沟通的模式，既不利于夫妻关系的发展，同样也不利于孩子的教育。

如果你不想孩子在这种冷漠的家庭环境下成长，从现在开始，拿出一点耐心，拿出一点关心，好好地和你的伴侣说话。作为丈夫，回到家看到妻子在厨房忙碌地准备晚餐，就要对她说："亲爱的，辛苦了！我这辈子最大的幸福，就是娶了你！"作为妻子，看到奔波了一整天的丈夫回到家，就要对他说："老公，我做了你最爱吃的红烧肉，辛苦了一天，一会要多吃一点啊。"我相信，经过这样的对话，这顿晚餐的味道一定格外美味。

美国作家维泰利在《零极限》这本书中讲了四个词：对不起、请原谅、谢谢你、我爱你。在家庭中，只要掌握了这四个关键词，无论是对夫妻关系，还是对亲子关系都将产生深远的影响。

关键词一：对不起

"对不起"是一种发自内心的忏悔，当你做错事情后，要学会道歉，要把你的歉意表达出来。在婚姻中，很多人碍于面子，宁死也不愿意道歉。在此我要说：说"对不起"其实并不会有损你的面子，敢于承担错误和责任反而会让你的形象更显高大。

关键词二：请原谅

当你明白了自己的错，也明白了自己必须担负的责任后，你自然会请求对方的原谅。真诚地请求对方原谅，就是主动伸出友善的双手，同样也是一种勇敢的表现。

关键词三：谢谢你

"谢谢"是客套的寒暄，而"谢谢你"则表示尊重与在乎。所以，在家庭中，要学会和孩子和另一半说"谢谢你"而不是"谢谢"。

关键词四：我爱你

在婚姻中，很多人觉得老夫老妻间不用说"我爱你"。可是，你要知道，你不说，自然有人会帮你说，这个世界上所有你不做的事情都有人会帮你做。所以，从现在开始，要学会对另一半、对孩子说"我爱你"！

2. 用安静的力量征服对方，让文字沟通拉近彼此的距离

在爱情中，收到小纸条或者情书时心里小鹿乱撞的感觉总是最美好的。可是，在婚姻里，夫妻之间却再也没有互写情书的动力与想法。很多人觉得：结了婚，每天见面，还有写情书的必要吗？其实，很多时候，对于那个离我们最近的人，我们往往会因为不见外而忘记了回忆，忘记了感谢，忘记了传情达意时的怦然心动。

在我的课堂上，我经常会询问大家："你们夫妻之间会写小纸条或者小情书吗？"有些人会笑着回答："微信都语音了，谁还写文字啊。"可是，你知道吗？微信语音可以传达信息，但是，却没办法传达情感。夫妻之间需要的是情感沟通，而不是简单的信息传达。所以我说，无论移动网络多么发达，无论科技产品多么便捷，都不如你亲手写下的文字更能温暖对方的心。

我们都知道见字如面的力量，在婚姻里，当老公起床刷牙时看到老婆在镜子上留下的字条上写着："老公，你睡觉的样子好可爱啊！今天，要好好加油啊！"我相信这位老公的心情一定无比晴朗，而他们的婚姻也会像恋爱时一样充满活力。

很多人觉得结婚之后，爱情就会越变越淡，可事实上，婚姻中的爱不

是变少了，只是结婚之后我们越来越懒得去表达爱了，因此，结婚之后不需要写情书，也就变得顺理成章了。可是你知道吗？我们敬爱的周恩来总理在与邓颖超结婚多年之后，仍然是"纸短情长"。所以你看，这世界上并没有什么天然而成的美好婚姻，所有婚姻都是两个人的修行。一张充满"甜言蜜语"的纸条，一封浪漫的情书，就可以把婚姻中寻常的日子点化成金子般的回忆。

在这个越来越喧嚣的时代里，文字有一股安静的力量，这种力量不仅能让我们内心更平静，也能让我们的婚姻更温馨。所以，从现在开始，用文字去表达你的爱，如果你不敢用中文表达，就先用英文表达，如果你不知道如何表达，可以先和以下几位名人学学如何用文字俘获另一半的心。

温斯顿·丘吉尔写给妻子克莱芒蒂娜的文字

"我亲爱的克莱米娜，你从马德拉斯寄来的信中写道让你的人生更为丰富，这些话对我来说太珍贵了。我无法表达出你给我带来了多少快乐，因为我在想，如果爱也能够计算，那么我欠你的实在太多……这些年来，你对我的爱始终没有停歇，陪伴在我身边，我实在难以用言语表达这些事对我的意义。"

文字解读：英国首相温斯顿·丘吉尔和妻子克莱芒蒂娜携手走过了56个春秋，只要是分别，他们都会给对方写信。

演员杰里·奥尔巴赫写给妻子伊莱恩的文字

"情人节又一次到来，天气又冷又湿……不过我能高高兴兴去上班，而且还得尽力让自己不要手舞足蹈。因为我的心中充满温暖，这份温暖来自于我的阳光,我的生命线,我的小乖乖!(多希望能留在家里,给你一个深情的吻!)你的杰里。"

文字解读:出演《法律与秩序》的演员杰里·奥尔巴赫每天早上都会在他妻子的咖啡旁放上一封情书。他们长达25年的婚姻全部都被记录在《记得我有多爱你:不一般的婚姻爱情书信》一书中。

鲁迅写给妻子许广平的文字

"午前我就告知母亲,说八月间,我们要有小白象了。她很高兴,说,这屋子早应该有小孩子走来走去……不过我却并不愿意小白象在房子里走来走去,这里并无那么大的森林。

"我的身体是好的,会小心与卫生,勿念。但刺猬也应该留心保养,令我放心。我相信她正是如此。"

文字解读:鲁迅和许广平互称"刺猬""莲蓬",将彼此的爱情结晶唤作"小白象";在信中嘱咐妻子注意身体的时候,鲁迅却又故作正经,像一个硬汉不经意流露了温柔,怕被人发现,于是忙不迭地红着脸咳嗽几声。

朱生豪写给妻子宋清如的文字

"不要愁老之将至,你老了一定很可爱。而且,假如你老了十岁,我当然也同样老了十岁,世界也老了十岁,上帝也老了十岁,一切都是一样。

"要是世上只有我们两个人多么好,我一定要把你欺负得哭不出来。

"但愿来生我们终日在一起,每天每天从早晨口角到夜深,恨不得大家走开。

"我实在是个坏人,但作为你的朋友的我,却确实是在努力着学做好人。

"我渴望和你打架,也渴望抱抱你。

"风和日暖,令人愿意永远活下去。

"我爱你也许并不为什么理由,虽然可以有理由,例如你聪明、你纯洁、你可爱、你是好人等,但主要的原因大概是你全然适合我的趣味。因此你仍知道我是自私的,故不用感激我。

"我一天一天明白你的平凡,同时却一天一天更深切地爱你。如同照镜子,你不会看得见你特别好的所在,但你如走进我的心里来时,你一定能知道自己是怎样好法……

"我们都是世上多余的人,但至少我们对于彼此都是世界最重要的人。

"我想作诗,写雨,写夜的相思,写你,写不出。"

文字解读：朱生豪是著名的翻译家,他翻译的莎士比亚作品以质量和风格独具特色而闻名。这位"渊默若处子"的大翻译家,写给妻子的情话被无数人奉为经典。

3. 好好给他一个拥抱，让肢体沟通唤醒爱的温存

很多人都知道，在婚姻当中，沟通的质量决定了婚姻的质量。但是，很多人不知道的是，沟通的形式不单单是语言或者文字，一个亲吻、一个拥抱同样可以传达彼此的感情，建立夫妻之间沟通的纽带。

我们的行为举止就是我们的"肢体语言"，当我们喜欢一个人的时候就会用丰富的肢体语言去表达。这也是为什么，偶像剧里总会设计"壁咚"或者"摸头杀"这种情节。但是，在现实的婚姻里，很多夫妻并不善于用肢体沟通表达感情，有些夫妻甚至觉得在孩子面前亲吻或者拥抱会对孩子产生不好的影响。我想说，这种观点其实是大错特错的。

我们可以试想一下，当丈夫回到家，妻子只是简单地问一句："你回来了？"然后就各自忙各自的。这样的婚姻会是幸福的吗？这种婚姻中长大的孩子会有安全感吗？相反，当丈夫回到家之后，等待他的就是妻子的拥抱，这样的婚姻才有温度，在这种婚姻中长大的孩子才能体会到爱，才能感受到幸福。所以我说，在幸福美满的家庭中，在健康的婚姻关系中，夫妻之间一定不能缺少肢体沟通。

一般来讲，肢体沟通分为两种，一种叫亲密行为，另一种叫亲昵行为。亲密行为，也就是性行为，这是夫妻关系的基础；亲昵行为，指的就是日

常生活中夫妻的肢体接触，比如牵手、接吻、拥抱、互相依偎，等等。在婚姻关系中，亲昵行为往往更为重要，因为，当亲昵关系好的时候，不仅代表了亲密关系的和谐，同时也能在家庭中营造一种爱的氛围。

如果你希望自己的婚姻可以像恋爱时一样热烈而美好，如果你希望自己的孩子在一个充满爱与幸福感的环境中成长，那么，你就要在婚姻和家庭中通过肢体语言释放爱的信号。接下来就为你介绍几种正确释放爱的能量的肢体沟通方式。

方式一：亲吻和拥抱

在脸颊上稍稍停留的、温柔的吻，告诉对方：我很高兴见到你！如果身体的其他部分也加入这个欢迎仪式，会更加强这样的讯息。比如说：一个大大的、紧紧的拥抱，反映出的是全心全意的感情。

方式二：在餐厅吃饭

在餐馆里很易分辨出一对男女是否结婚。一般恋爱中的男女总是忽视饭菜的存在，女孩会手托香腮望着对方，而男人既然有秀色可餐，早已视美酒佳肴如无物，侃侃而谈。而已婚人士则不同，饭菜上来举箸大嚼，一直到吃完了才互相对看一眼——暗示结账走人。这是通常惯例，但你也会发现幸福的夫妻，虽然带着孩子，但始终都显得很亲密。他们会常常注意对方：看对方一眼，给对方一个微笑，或是抬抬眉毛，无声对话。

方式三：携手散步

相爱的夫妻走路时会配合对方的步伐，这使他们很协调。研究证明相爱的恋人甚至会有相同的心跳速率！

方式四：在沙发上看电视或是看书

甜蜜的情侣坐在沙发上时，不一定会紧紧地靠着对方。但是即使坐在沙发的两端，他们仍会常常交换眼神，而且通常身体会面向对方。心理学家说，肢体语言的解读不是绝对的，必须视情况而定。重要的是双方能达成默契，常常告诉对方："我知道你在这儿。是的，我爱你。"

方式五：争执

一对快乐的夫妻争执时的肢体语言和不快乐的夫妻有很大的区别。他们看起来也许很生气，但也很投入；他们的身体会面向对方，同时不断看着彼此的眼睛。这样的肢体语言说的是"我们必须现在就解决这个问题"！

4. 先谈共同点让沟通更自然

托尔斯泰在《安娜·卡列尼娜》里说:"幸福的家庭都是相似的,不幸的家庭各有各的不幸。"在此我想说,幸福的夫妻可以各有各的不同,但完全找不到共同点的夫妻一定很难获得幸福。

在生活中,越来越多的人开始强调个性,在婚姻里,你同样可以保持自己的个性。但前提是,你在坚持个性的同时,一定要找到与对方的共性。很多人说,婚姻不是寻找共同点,而是尊重不同点。但是,我想说,在一段婚姻里,如果夫妻之间毫无共同点可言,那么,他们彼此也就失去了沟通的基础,没有了最基本的沟通,只剩尊重的婚姻有什么存在的意义呢?

夫妻之所以会成为夫妻,就是因为在对的时刻,对的地方,遇见对的人。可是,岁月在流逝,世事在变迁,当婚姻中很多事情不再如此正确的时候,共同点就是夫妻携手一生最好的动力。那么,和谐美满的夫妻关系间都需要建立哪些共同点呢?

首先,和谐美满的夫妻关系要有共同的信仰。

什么是信仰?有人说信仰就是宗教,比如佛教、基督教等,还有人说信仰是精神寄托,这种寄托可以是儒家文化、道家文化,也可以是马列主义或者毛泽东思想。我想说,婚姻关系中共同的信仰,其实就是夫妻间共同的精神世界。

家庭篇
建立和谐美满家庭，才是给孩子最好的爱

从心理学角度看，当人的物质世界得到满足之后，就会开始追求精神世界的满足。也就说，当一对夫妻已经不用再为物质奔波忙碌之后，他们就会对精神世界有所要求。此时，如果夫妻之间的精神追求不一致，那么，婚姻也就面临分崩离析的风险。这也就是为什么很多夫妻可以同甘苦，却不能共享福的原因。所以我说，夫妻之间的精神追求最好能够做到一致，如果不能一致，也要做到同步。

举例来说，假如妻子信佛，她经常会去寺庙烧香祷告。做丈夫的最好不要一副事不关己高高挂起的态度，你可以不信佛，但最好能够陪着妻子一起去，试着了解她的精神世界。假如丈夫喜欢儒家文化，他经常会阅读一些古籍，做妻子的最好不要漠不关心，你可以不懂，但是不要对他冷嘲热讽。

其次，和谐美满的夫妻关系要有共同的目标。

很多人在走进婚姻之前，都会憧憬自己将来会有完美幸福的婚姻生活、有和谐稳定的家庭。你所预期的目标要通过夫妻双方的共同努力去实现，只有通过两人的共同努力，最终实现共同目标，才能让婚姻生活更美满和稳定。建立共同目标是经营婚姻的第一步。

有一部电视剧叫作《芈月传》，在这部剧中，芈月与秦王一起批阅奏章时意外地发现：六国的奏章上有着各自不同的文字。对此，秦王很淡定地表示，六国语言他都会。可芈月却说："大王，像您这样熟知六国文字的人，毕竟是少数，以后要怎么办呢？"秦王回答说："迟早有一天，我要实现统一六国的霸业，你愿意跟我一起实现这个伟大的抱负吗？"芈月回答了三个字："我愿意"。这就是智慧女人回答，懂得和男人一起为共同的目标努力。

在生活中，很多女人不懂得和男人建立共同的目标。当丈夫说自己要创业的时候，有些女人会觉得：你去创业吧，反正我也做不了什么。当丈夫说自己想要投资的时候，女人说投资有风险，还是不要随便投资的好。这些做法都是没有智慧的行为，一个有智慧的女人不是成为男人的绊脚石，而是男人的助推器，要与男人一起向着共同的目标努力。

最后，和谐美满的夫妻关系要有共同的兴趣爱好。

想要保持婚姻的新鲜感，夫妻之间就要培养共同的兴趣爱好。在我的课堂上，我经常会问大家："你们会一起跑步，一起爬山，一起打网球吗？你们之间有共同的爱好吗？"很多夫妻听了我的问题会一脸茫然。是啊，现在夫妻之间除了共同爱好看手机，几乎找不到其他共同的兴趣点。有些人甚至不知道自己的兴趣爱好是什么。

很多女人在进入婚姻之后，就会忘我地投入妻子和妈妈的角色，把油烟味当成女人味，把阳台与灶台当成自己的舞台。所以，她们除了爱做饭之外，几乎没有自己的兴趣可言。而有些男人，为了家庭和事业，一心扑在工作上，既没时间陪家人也没时间发展自己的兴趣爱好。在婚姻中，这样的生活方式和相处方式是极不健康的。所以我说，无论女人还是男人，在给孩子报各种兴趣班之前，应先看看自己有什么兴趣爱好。培养孩子的兴趣爱好是为了他们的前途，而培养自己的兴趣爱好，才能让自己活出健康的生活状态。

在婚姻中,共同的兴趣爱好能够帮助夫妻创造共同的话题,增加共同点,从而减少矛盾,增加婚姻的和谐度,所以培养共同的兴趣爱好是非常重要的一件事。

5. 坚守吵架公约，做越吵越恩爱的夫妻

在这个世界上，没有十全十美的伴侣，也不存在十全十美的婚姻。所以，日子过着过着，吵架就变得不可避免了。很多婚姻专家认为，吵架是对家庭最大的伤害，一定不能吵架。但是，我想说，吵架并不是一无是处的，辩证地看，吵架可以让两个人逐渐认识对方，适应对方，最终寻找到彼此融合的有效途径。

在吵架中，有人分离，有人和谐；有人受伤，有人成长。所以，认识吵架，接纳吵架，学会吵架，是夫妻沟通的必经之路，也是夫妻相处的基本功课。我曾看到过一幅非常有趣的画面，现在我要和大家一起分享：

夫妻两个人在公园里吵架，吵得很凶，妻子手里拿着一把伞。忽然，乌云密布，下大雨了，于是两个人也不吵了，共打一把伞，身体靠在一起，回家去了。

还有一则笑话同样非常有意思：

夫妻两人多次吵架，最后决定离婚，于是两个人一起到民政局办离婚手续。路上经过一条小河，由于发大水，水太深了，过不去。这时，丈夫

二话不说,把妻子背过去了。妻子到了民政局,说不离婚了。丈夫问她为什么,她说:"如果离婚了,回去的时候谁背我过河呢?"

这幅画面和这则笑话告诉我们,当夫妻之间没有原则性矛盾时,一场大雨、一条小河,就能让他们恢复心理平衡,言归于好。所以,恰到好处的吵架其实是经营婚姻的一门艺术。那么,夫妻之间怎样吵架才能恰到好处呢?很简单,只要你能坚守吵架公约,那么,你们就能成为越吵越恩爱的夫妻。

吵架公约一:就事论事,不翻旧账

女人的一大爱好就是喜欢提"陈芝麻烂谷子"的事情,尤其是在吵架的时候。其实,有时候夫妻之间只是因为一点鸡毛蒜皮的小事吵架,最后,因为女人翻旧账的毛病,就会引发一次大地震。所以,在婚姻中,夫妻之间可以吵架,但是,一定要就事论事,不能翻旧账。

当夫妻在吵架的时候,如果把积怨已久的情绪一股脑地发泄出来,把过去几年所有的事情都如数家珍地翻出来,吵一遍。最后不仅会让彼此筋疲力尽,还会影响孩子的教育。尤其是当你数落丈夫(或者妻子)的种种不是时,孩子更会感到无比恐慌,完全没有好好读书的心情。所以,如果你想让孩子在爱的环境下绽放天性,那就从现在开始请记住:吵架要就事论事,不翻旧账。

吵架公约二:不说狠话

在吵架的时候,有些人总是控制不好自己的情绪。而当你情绪失控的时候,你的智商就会变成零,而你智商归零的后果就是说出一些言不由衷的狠话。在吵架中，当你讲出恶毒的狠话，发下狠毒的诅咒时，只会让你和对方都受到伤害，这是非常不好的。

冲动是魔鬼，吵架的时候，不能因为一时冲动就情绪失控，讲出深深伤害对方的狠话。我知道，很多人在情绪失控时讲的话，其实并不是自己的本意。但是，当你把狠话讲出去，对方就会以为这是你真实的想法。所以，千万不要因为冲动而讲出让自己后悔的狠话。

吵架公约三：绝不轻易说离婚

我曾经遇到过这样一个女性朋友，她说自己离婚后，很迷茫，因为，她的婚姻并没有什么原则性的问题，只是自己在吵架的时候经常把离婚挂在嘴边，一开始丈夫只是苦笑，最后，他们就真的把婚离了。其实，很多人都有类似的经历，明明没什么不得了的矛盾，最后却稀里糊涂地离了婚。所以，吵架可以，但不能轻易提离婚。因为，离婚说多了，最后，假的也会变成真的了。而且，因为一时冲动，80%的人根本没有做好离婚的准备。

在婚姻中，离婚对夫妻双方的伤害都是可以随时间慢慢愈合的，但是，离婚对孩子的伤害却是永久的。婚姻是两个人的选择，但是，千万不要因为两个人的决定而伤害到孩子，因为这种伤害对孩子来说可能会影响他的一生。所以，从现在开始，吵架时绝不要轻易提离婚，尽量不要因为彼此的关系，伤害到你们的孩子。

吵架公约四：上床之前一定要和好

夫妻吵架并不是最伤害彼此感情的，真正伤害感情的是因为吵架而开始的冷战。我的一个学员，他的父母吵架，整整48天不讲话。你可以想象一对夫妻在正月新年的时候，完全不讲话对家庭、对孩子带来多么严重的心理阴影吗？所以，为了避免吵架带来的尴尬冷战，一定要在上床之前和好如初。

老话说："床头吵架，床尾和。"既然要"和"，就代表有人要道歉。一般来讲，道歉分为三个要点：要点一，不管谁对谁错，必须互相道歉；要点二，必须男方先来，女方随后跟上；要点三，道歉必须发自内心，否则毫无意义。

很多人觉得，道歉是一件丢面子的事情。但在我看来，在婚姻当中，道歉才是真正的伟大，道歉才是真正的智慧。当你向自己的爱人道歉时，你低下去的是身躯，抬起来的是高贵的灵魂。所以，当夫妻吵架时，一定要互相道歉。其实，说一句"老婆，对不起"或者"老公，对不起"真的没有想象中那么难。最后，我还要提醒大家一点，就是道歉一定要真诚地发自内心，否则你的道歉就毫无意义。

吵架公约五：绝对不能动手

在婚姻中有些底线是不能碰的，一旦碰触，婚姻就离走到边缘不远了，动手打人就是这样一条底线。夫妻之间无论发生什么样的争吵，最后都不能演变为动手打人，因为只要出现第一次，就会出现更多次。所以，动手打人是不能碰的高压线，也是不能被原谅的行为。

男人打女人其实是一件很丢人的事情，但是，为什么还是有男人会这样做呢？有时候，是因为有些女人处理事情十分的不智慧。很多男人在气愤到了极点的时候会说"你再说，你再说我就打你了"。不智慧的女人会说"你有种就打啊"这种火上浇油的话，智慧的女人是不会说的。所以，当男人发火时，智慧的女人要懂得灭火，而不是火上浇油。

当然，有些男人打女人并不是被逼急了，而是因为有些不好的习惯，比如喝酒或者赌博。对于这样的男人，女人不能过分忍让，而是要采取行动，让对方不敢再做出打人的举动。

吵架公约六：不轻易离家出走

当夫妻发生争吵后，千万不可以一走了之，因为，你走了之后，不仅不会解决问题，反而会激化问题。

离家出走最大的问题就是，离开家之后去哪？选择回自己父母家，首先会让父母担心，其次，如果家人出面解决问题，只会加剧矛盾。试想一下，当你的父亲或者兄弟找到你的丈夫理论时，双方一言不合就会升级为暴力冲突，无论哪一方受伤，最后还要你来承担后果。所以，夫妻吵架一定不能轻易离家出走。

吵架公约七：天知地知，你知我知

有些女人在和丈夫争吵之后，会向自己的闺蜜倾诉，而这种行为其实是要不得的。我们都听过"家丑不可外扬"这句话，所以，如果你不打算离婚，就不要轻易把婚姻中的隐私向他人倾诉。我们可以试想一下，当你的闺蜜，比你还要了解你的老公、了解你的家庭时，你觉不觉得这是一件很危险的事情呢？

一对男女，相爱容易，相处难，所以，当你们因为爱情走进婚姻之后，一定要懂得"且行且珍惜"的道理。在吵架之中，坚守吵架公约，吵出一个有爱的家庭环境，让孩子在爱的氛围中快乐成长。

自我篇

父母负责阳光雨露，孩子自然茁壮成长

第三章
内外兼修,做一名新时代好妈妈

在这个世界上有一种妈妈,她就像温暖的春风一样,带给孩子的永远都是阳光雨露。这种妈妈的特点是不仅很爱孩子、很爱丈夫,同时她也很爱自己。而懂得爱自己的女人,不仅会注意外在的保养,还会注重内在的修养。这种内外兼修,优雅端庄、气质如兰的妈妈,才能培养出同样内心丰盈、举止得体的孩子。

1. 多读书，让品格在读书中升华

对于一个女人来说，平和的心性就犹如一滴水，看似温婉柔和却又不失坚韧。内心如水一样平和的女人，不仅能在岁月的流转中始终保持优雅的姿态，同时也能释放滴水穿石的无形力量。但遗憾的是，在这个越来越喧嚣的世界里，人们的内心世界越来越缺乏安静的力量。

在课堂上，我曾遇到过一个小男孩，他告诉我，自己并不是"网瘾少年"，他的妈妈才是"网瘾妈妈"。这个小男孩的妈妈是一位成功的房地产开发商，她的儿子每天看着自己的妈妈对着手机的时间超过十几个小时之后，终于发出了这样的感慨。当一个只有9岁的孩子控诉自己的"网瘾妈妈"时，内心无处安放的女人，不仅会被焦虑不安的情绪左右，还会严重影响亲子关系。

和这位"网瘾妈妈"形成鲜明对比的是另外一位非常了不起的女性，她用自己的力量告诉全中国人安静的力量，她用独特的心性感召了整个世界，这位了不起的女性就是董卿，她制作的《朗读者》让我们看到，会读书的女人才能活得更漂亮。

在《中国诗词大会》上董卿是"以玉为骨，雪为肌；诗词为心"的主持人，同时她也是说出"希望孩子成为什么样的人，你就去做什么样的人"

自我篇

父母负责阳光雨露，孩子自然茁壮成长

的柔软而坚强的母亲。在董卿的生命历程中，读书占据了相当重要的地位。在日常生活里，董卿雷打不动地保持着读书的习惯，睡前一小时她会关掉手机，只带一本书进卧室。从董卿身上，你会看到读书对女人是多么重要。

有人说，世界有十分美丽，如果没有女人，将失掉七分色彩；女人有十分美丽，但远离书籍，将失掉七分魅力。读书会让女人保持温润如玉的女人味，同时又形成聪慧乐观、独立坚强的性格，坚持读书不仅可以帮助女人清理心灵上的尘埃，释放压力与重负，同时还能带来许多额外的好处。

首先，读书可以开阔女人的视野。当一个女人养成读书的习惯后，她就可以看到更多婚姻之外的世界。经常读书的女人的世界里不只是老公、孩子和柴、米、油、盐，书本上的知识和观点，会让女性的世界变得更丰富多彩。坚持读书的女人会惊奇地发现，原来婚姻中的女人不但可以做贤内助，同样也能胸怀天下。

其次，经常读书的女人会慢慢发现，自己懂得的知识越来越多，自己处理事情的方式也越来越好。最重要的是，书本熏陶出的品位，会让女人更了解自己，知道自己穿什么衣服更适合，交什么朋友更舒服，怎么利用时间更合理。总之，读书会让女人更轻松地领悟生活的真谛。

此外，爱读书的女人，思考问题的方式更灵活。书本会给予人们更多元化的思维方式，帮助人们找到更多解决问题的办法。在婚姻当中，男人最怕女人钻牛角尖。当女人养成读书的习惯后，思维方式就会更灵活，自然也就不会陷入"凡事以自己为中心"的牛角尖。这一点，对于解决婚姻中的问题有着极大的帮助。

最后，养成读书习惯的女人，可以改变自己在男人心中的地位。一个女人无论多么漂亮，多么贤惠，如果不爱读书，迟早都会变得索然无味。我无法想象，一个不读书的女人，在婚姻中将会变得多么糟糕。但是我知道，这样的女人注定会被老公和这个世界遗忘。如果女人不想在婚姻中变得可有可无，就要储备更多知识，只有如此你才能更好地与老公同台对话。当女人知道得更多，甚至比男人知道的还要多时，不仅能给婚姻带来更多新鲜话题，同时还能带给老公修养和思想上的改变，让老公对你刮目相看。

如果你已经开始读书，那么恭喜你，你的行为对家庭、老公、孩子都将产生深远的影响。如果你看了我说的话，决定开始制订阅读计划，那么，你可以试着和老公、孩子一起逐渐培养阅读的习惯。在此，我有几个小建议：

建议一：和老公一起，读情书给他听

在婚姻中，很多人并不善于表达自己的感情，而情书是表达感情最直白也最有效的方式。所以，如果你不善于说情话，就读情书给老公听。也许，你的老公第一天听会对此反感，但是，只要你长期坚持读给他听，他就会习惯这种交流方式，甚至有一天你不读给他听时，他还会感到不习惯。

建议二：和孩子一起，朗读他感兴趣的内容

和孩子一起读书，培养他的朗读习惯。你可以陪孩子一起读任何他感兴趣的内容，可以是国学，也可以是童话故事，只要孩子有兴趣读，就要陪他一起读。先从五分钟开始，不要急于求成，孩子读书的习惯是慢慢培养起来的。

建议三：自己独处时，读让自己快乐的书

当老公外出工作，孩子外出上学，独处的女人应该读什么书呢？我认为，此时你对什么感兴趣，就读什么书。女人独处的时候，就应该好好放松，做自己喜欢做的事情。如果你想从读书中找到快乐，就读让自己快乐的书。因为，只有保持快乐，才会长期坚持。

在长路漫漫的婚姻生活中，读书可以说是女人对抗岁月流逝的最好方式。所以，请记住，无论生活如何改变，面对同样的问题，我们可以有不一样的心境，面对同样的婚姻，我们可以有不一样的情调，面对同样的孩子，我们可以有不一样的素养。愿所有女人都能通过读书，培养平和的心境，修炼高尚的品格。

2. 做气质妈妈，时刻保持好形象

有人曾经说过："当你不能够让自己呈现出最美好的状态时，你就像是在宣告你被生活打败了，你被时间打败了，你被手中的工作打败了，你被自己的家庭打败了……"从某种意义上来讲，我们的形象就代表着我们对生活的态度。如果你没有时间和精力好好地经营自己的形象，那么，人们不仅会觉得你的生活一败涂地，甚至还会质疑你的修养和内涵。

关于一个人的外在形象问题，弟子规曾提出这样的原则："冠必正，纽必结，袜与履，俱紧切。"孔子也曾苦口婆心地说道："人不可不饰、不饰无貌、无貌不敬、不敬无礼、无礼不立。"由此可见，注意衣着打扮，保持良好的外在形象，不仅关系到一个人的礼貌修养，甚至还会影响一个人的成败得失。

杨澜讲过自己25岁时在英国的一段经历：她面试失败以后，披头散发穿着睡衣裹着外套就去了咖啡厅，咖啡厅里人很多，她被安排坐在一位像伊丽莎白女王一样尊贵和精致的英国老太太面前。老太太没有看她一眼，写了一张便签给她：洗手间在你左后方拐弯。

当杨澜再回到座位的时候，那个老太太已经离开了。那张留在铺了细柔格子桌布的餐桌上的便笺上多了一句漂亮的手写英文："作为女人，你必须精致。这是女人的尊严。"她想起自己面试被拒的理由是穿着随意，愤慨于对方的以貌取人，此刻却发现原来自己的邋遢，是对别人的不尊重。

虽然我们一再强调不要过分关注一个人的外在而忽视了其内在的品质，但是，我们同样也应该明白，一个人的外在形象就像一张直观的名片，当你以干净整洁、端庄优雅的形象出现在他人面前时，代表着你对他人的尊重。

在现代社会想要做一个内外兼修的好妈妈，不仅要修炼内在气质，同时还要注意自己的外在形象。因为，每个孩子都是看着妈妈成长起来的，如果你是一个不修边幅，形象邋遢的妈妈，你的孩子只会和你一样。相反，如果你是一个对衣着有讲究、有要求的妈妈，那么，你的孩子才能大方得体、优雅有礼。

古代哲人穆格发说："良好的形象是美丽生活的代言人，是我们走向更高阶梯的扶手，是进入爱的神圣殿堂的敲门砖。"好形象是一种资本，懂得利用它，不仅能给你的生活和工作增添更多色彩，还能在家庭教育中起到事半功倍的作用。

在诗隆婚礼时，刘诗诗妈妈成功登上热搜，抢了一把女儿的风头，看到诗诗妈妈一瞬间，就明白了诗诗人淡如菊的气场是怎么来的。

作为一对新人的长辈，诗诗妈妈的举手投足优雅得体，如兰气质被网友狂点赞，从皮肤的紧致度和明亮白皙的肤色，到不亚于诗诗的修长身材。是的，看到刘诗诗妈妈气质如兰的样子，我们终于明白了刘诗诗身上那份淡淡的气质和从容从何而来。

已为人妇、为人母的氧气美女李英爱婚后更多的时间选择了在家相夫教子，她会把家里和自己的菜园收拾得干干净净，会给一对龙凤胎穿着精致干净的衣服，会带他们去欣赏音乐剧。他们的生活与奢侈无关，但是绝对的精致而体面。由此，在镜头下我们看到她的两个孩子也是如她般有着阳光一样明朗的微笑，眼神里透出的也是自信和幸福的光。

无论是气质如兰的刘诗诗，还是李英爱那对活泼可爱的双胞胎儿女，从他们身上我们都能看到一个信息，那就是：只有形象气质好的母亲，才能培养出阳光纯净的孩子。

我相信每个女人在看了以上内容之后，一定都很想打造良好的形象。那么，要如何才能修炼出良好的外在形象呢？一般来讲，我们的外在形象分为三种：一是公众形象，二是专业形象，三是休闲形象。接下来我将从这三个方面告诉大家如何打造良好的外在形象。

打造公众形象攻略

公众形象就是我们在公众场合所呈现的形象，比如，我们外出逛街、参加朋友聚会、出席重要活动，等等。当我们出现在公众面前时，我们的穿着代表着我们的品位，同时也表示我们对他人的尊重。所以，在公众场合穿着要正式一点，不能太过随意。

出席公众活动，女性通常讲究穿长裙，但现在短裙礼服也逐渐频繁在正式场合亮相，穿着短裙特别值得注意的是，短裙应该以齐膝为宜。日间活动通常以穿着日礼服为准，而日落后的活动则适合穿着袒胸露背风格的晚礼服。比较得体的连衣裙完全可以当作礼服来穿，但是穿的时候要搭配长筒丝袜和皮鞋，切忌搭配便鞋或"空前绝后"的凉鞋，且袜子口不能露在裙子外面。女士西装裙适用于国内国际任何正式场合，而女性旗袍属于民族礼服系列，能够恰当地表现女性特有的美丽，适当情况下也是允许穿着的。

打造专业形象攻略

专业形象就是我们在工作中所呈现的形象。如今，女性在职场中的作用越来越重要，所以，作为职业女性，就要打造自己的专业形象。

制服代表的是一种职业权威，职业套装也一样。所以，着力于打造职业外形的人，职业套装必不可少。而且现在，各个女装专柜都有适合不同年龄层次的套装，不必担心落入俗套，只是要用心挑选。职业外形的专业，还有很重要的一点是体现在发型上。是选择清爽利落的短发、清汤挂面的长直发、妩媚的长卷发还是盘发，见仁见智，在于个人的气质。

打造休闲形象攻略

在公众和工作场合之外，女人还需要打造日常的休闲形象。一般来讲，休闲形象就是怎么舒服怎么穿。

当我们工作一天回到家中，需要换上随和舒服的休闲服。休闲服最好选择让你感到愉快和放松的色彩，这样才会在家中营造一种融洽、放松和悦目的氛围。休闲服不在名贵，但要有个人风格，或恬淡或运动，总之要一扫上班时的拘束。在此，我建议每个女人都要给自己选一套舒服的运动装在休闲的时候穿，不管你是三十而立，还是四十不惑，甚至六十都要穿运动装，因为运动装可以凸显女人的活力。

3. 学会"断舍离",才能拥有更美的遇见

女人是感性的,所以,在婚姻生活中,女人会特别在意各种感觉,比如,满足感、安全感、幸福感、存在感,等等。为了感觉更充实,女人总是想要获得更多。可事实上,婚姻的幸福与否并不在于你拥有多少,而是在于你的心态是否健康,你的生活方式是否充满正能量。

《断舍离》是一本告诉我们全新生活方式的书,在这本书里,作者讲述了从表层生活物品管理,到人际关系、人生态度等方方面面的减法思维方式。我在读这本书的时候感悟到一个道理:东西越扔越有,家庭越干净越幸福。所以,如果你想要一种更优雅、更智慧的生活方式,如果你想要一段更健康、更具有正能量的婚姻关系,你就要学会"断舍离",你就要明白断绝不需要的、舍弃多余的、脱离固有的人生道理。

我发现,很多女人在婚姻生活中,经常会产生不安或者焦虑的情绪,她们害怕失去,常常陷入一种求而不得的不安之中,因此她们总想把所有东西都抓在手中,自然没有勇气拒绝不要的东西,甚至没有底气舍弃不再使用的东西。对于这种女人我想说,懂得舍弃才是智慧和勇气的表现。所以,从现在开始,从清理房间、整理物品开始,让你的心灵和生活得到一次彻底的清理。

如果你让一个女人买东西,那她一定会欢天喜地完成任务,甚至还会

超额完成任务,这就是女人的天性。但是,如果你让一个女人扔东西,那她很可能不知如何下手。接下来我就告诉大家扔东西应该如何"断舍离",如何做到越扔越有。

第一步:选择从哪里开始扔

根据你想花在"断舍离"上的时间,先把目标放在一个特定的地点进行实践。从一个塞满购物小票的钱包开始,再到一个抽屉,最后到一个房间。根据目的选择不同的场所,同时告诉自己扔完之后,幸福就会来到自己身边,扔完之后,你就会很轻松,这样干劲就会随之增加。

如果你重视健康及安全,就从生存的基本场所做起,比如厨房、卧室、厕所、浴室、洗脸台。如果重视运气,就选择从玄关,或者卧室开始。如果你实在不擅长整理收纳,也不擅长分类思考,那么从不需要分类的场所入手,比如冰箱、鞋柜,兴许就不会感到太大压力。

第二步:选择从什么开始扔

自己很在意的东西就留到以后再说,那些怎么看都是垃圾的东西,肯定堆成山了,所以可以先扔那些不用的东西,一直拖着没扔掉的;再扔还在用,可其实并不喜欢,扔了也不可惜的东西;最后扔那些充满回忆,但是并没有什么实用价值,只会白白浪费空间的东西。

最开始的标准一定要简单,当初虽然自己还有所犹豫,但现在已经觉得,把这个扔了也不错。可以在"需要,不需要"的标准之上,加上"舒服,不舒服"这个标准来进行取舍。

第三步：选择如何扔

不断问自己一些问题，然后做快速的取舍。有意识训练自己不断重复这个过程，做出判断越来越快。我们以衣柜为例，首先，你要将衣橱分批清出，对每一件衣服进行评估：

问题1：我仍然喜欢它吗？

问题2：我多久没有穿过它？

问题3：它仍然合身并且能修饰我的体型吗？

问题4：它仍然能代表我的风格吗？

其次，你可以将衣服分为丢掉、捐出、留下等几类。最后，每一季都要对你衣橱进行重新整理，随着季节变化而更替衣物。

第四步：参考扔东西指南，立刻开始行动

（1）你必须扔掉的衣服：

线头开始松了的衣服；

不合脚的鞋子；

只剩下一只的袜子；

松懈变形的内衣内裤；

质感低廉的衣服；

整个冬天都没戴过的围巾；

一年没穿过的运动鞋；

带有各种品牌logo的文化衫；

穿起来觉得自己变丑的衣服，再贵也扔；

已经不适合当下年龄气质的衣服；

每次出差带回来的酒店拖鞋和洗浴用品；

根本塞不下自己却幻想瘦掉能穿的衣服；

平时根本没机会穿到的性感衣服；

磨损发黄的钱包。

（2）你必须扔掉的食物：

过了保质期的食物；

冰箱冷冻室里冰冻了很久的肉；

缺了角或有裂痕的碗、餐盘、杯子；

根本不会用的超市、商场赠品杯；

已经看不出原来颜色的筷子；

攒了一大堆的外卖餐具；

方便食品里的调味包；

别人送的但不想吃的土特产；

吃完东西不想扔的包装盒；

淘汰下来的电饭锅、高压锅等烹饪工具；

已经不脆的瓜子、坚果。

（3）你必须扔掉的其他物品：

从旅游区买回来的不会再寄出的明信片；

用了一年都没用完的罐装面膜；

过期杂志；

买回来才发现不适合自己的口红；

跟上段感情有关的所有物品；

堆在阳台或角落里的快递盒；

不会再用到的银行、购物小票；

过期药品；

以为会用到的打包发泡纸；

以为下次装修还会用到的涂料、电线、地砖、地板；

生锈的扳手、螺丝刀；

写不出字的笔；

孩子已经不再玩的玩具；

损坏的剃须刀；

过时的 VCD 碟片；

各种宣传单；

已干掉的胶水。

4．女人，不做婚姻里的女强人

在现代社会，女人可以拥有成功的事业，可以成为优秀的领导者。但是，一个女人无论在工作上取得什么样的成绩，都不要做女强人，而是要做女强者。很多人可能会问，女强人和女强者有什么区别。其实，女强人和女强者最大的区别就是对待生活的态度、对待婚姻和家庭的态度。

无论是在工作中还是生活中，女人都可以很强大。但是，如果一个女人过于强大，强大到内心变得坚硬时，那她内心世界留给其他人的空间就会越来越小。所以，如果一个女人不想体会高处不胜寒的感觉，那她就应该做一个女强者，一个可以兼顾事业和家庭，一个懂得享受生活、享受爱情和亲情的女强者。

女强者有明确的生活态度，有足够自立的生活能力，有经营婚姻和家庭的智慧。所以，一个女人不管到了什么时候、什么年龄，都应该努力做一个生活中的女强者。那么，一个女人要如何避免变成女强人，但是又要成为女强者呢？答案很简单，就是不要依附男人，但是，在适当的时候要懂得向男人示弱。

女强者关键词：不依附男人，生活独立

一个女人如果想要活得精彩，就一定要生活稳定，但是内心却不能过于稳定。内心不稳定，就意味着创造和创新的力量，有改变和发展的动力，能够不断地完善自己，让自己的境界不断提升。生活稳定，则要求女人无论如何都不要依附男人，而是要有一份独立的工作，一份自己的收入。

在自然界中有两种花：一种是太阳花，另一种是菟丝花。虽然这两种花都很漂亮，但它们的生活却十分迥异。太阳花的生命力很强，即使你把它掐断种到另一个地方，它也能活下去，而且温度越高，它生长得越快。而菟丝花，虽然活着的时候，缠缠绕绕，妖娆多姿，可一旦离开了依附的树枝，就无法生存。

女强者就好比太阳花，她们从不依附于他人，在别人说她们不具备条件时，也绝不放弃，相信只有行动才能把生活引向成功。相比之下，那些从来没有独立意识，从来不懂得依靠自身力量的女人，就好像菟丝花，一旦失去依附，就无法生存了。

没有人可以在接受别人施舍的同时，又能够得到对方的尊重，即使那个人是你的丈夫。当一个女人没有事业，没有活出自我价值的时候，她就很难在孩子心中树立威望。所以，如果你不想自己的心和孩子的心渐行渐远，你就应该走出去，找到一个价值平台，实现自己的人生价值。

女强者关键词：适当示弱，学会撒娇

女强者要活出自我，就要内心强大。但是，女强者要活得幸福，就要在适当的时候懂得示弱。在婚姻当中，只有当女人学会示弱的时候，男人才会有被需要的感觉。婚姻是两个人相处，相处需要两个人互动，如果一个女人强大到什么都能自己解决的时候，那么，夫妻之间就会失去很多温馨又浪漫的互动机会。

自我篇
父母负责阳光雨露，孩子自然茁壮成长

我们可以试想一下，当妻子把一瓶水递给丈夫，微笑着说："亲爱的，我打不开了，帮帮我呗。"当丈夫打开瓶盖后，妻子骄傲地说："谢谢老公，你真棒！"此时，这位丈夫是不是会很有成就感呢？其实，在一个家庭中，当丈夫有了成就感，当妻子有了获得感之后，这个家才会有幸福感，生活在这个家庭中的孩子才会有满足感。

在婚姻当中，每个女人都有一件秘密武器，这件武器叫作"温柔一刀"。但是，有些女人一辈子都没用过这件武器，因为，她的脸上写着"我很强势"这四个字。我想说，强势的女人是没有人敢轻易靠近的，所以，她们的内心都很孤独。如果你不想在两个人的婚姻里感受一个人的独孤，那么，从现在开始，试着对男人温柔一点。

很多女人都明白要温柔的道理，但是，让她们对丈夫温柔，她们又不知道如何去做。在此，我给女性朋友总结了四个字，叫作"小鸟依人"。如果你还不明白这四个字的真谛，那么，你还可以试试通过向男人撒娇，让他感受你的柔情。

5. 少计较，不比较，是人生的大境界

男人总觉得，女人在进入婚姻殿堂之后，就会变得不再可爱。那么，是什么让女人失去可爱的天性呢？答案就是两个词，"计较"与"比较"。在男人眼中，喜欢计较和喜欢比较的女人不但不可爱，甚至还有点面目可憎。所以我说，智慧女人维持婚姻的艺术，就是少计较，不比较。

很多女人喜欢计较，她们计较来、计较去总觉得自己的付出与回报不成正比，结果就开始抱怨：为什么家务我要多做一点，为什么孩子我要多照顾一点，为什么孝敬父母我要多操心一点。所以你看，过分的计较只会让女人变成一个怨妇，失去享受家庭的幸福感。

而有些女人则喜欢拿自己的老公和其他人的老公比较，比较的结果就是：会赚钱的老公不够体贴，体贴的老公又没有能力，有能力的老公又不够帅气，帅气的老公又比较花心。所以你看，比来比去，结果只会更生气。

玛丽和先生艾伦准备结婚的时候，艾伦的工作陷入了危机，所以玛丽和艾伦只拍了一套婚纱照，戒指也没买，婚礼也没有办，就这样他们裸婚了。玛丽觉得这样委屈地嫁给艾伦，他应该满怀感激，想尽办法对自己好才对。可是婚后，玛丽不仅看不到艾伦任何的体贴温柔，而且他的大男子主义还让玛丽十分不舒服。后来，玛丽开始打听身边人的新婚生活，她发现别人

的先生都又浪漫又温柔。于是，玛丽的心理开始变得不平衡，她甚至觉得嫁给艾伦是她这辈子做出的最错误的的决定。

除了跟别人比较，玛丽也会跟先生比，比谁为家庭付出得多。比如，谁洗衣服、擦地、做饭次数更多，谁想到家里的事情比较多，等等。当然，统计的结果更加剧了玛丽的不平衡感。"为什么牺牲的总是我！"她委屈地认为。

在那段时间里，玛丽看不到先生一丝优点。她就像怨妇一样，四处诉苦，回家也不想跟艾伦说话，一有机会就要求艾伦干这个、干那个。而艾伦好像根本不在乎玛丽说了什么，依然我行我素。被逼急了，他就不耐烦地说："既然你觉得别人好，你就去嫁别人吧！"

玛丽把自己婚姻的困惑告诉了自己的妈妈，妈妈在听了玛丽的倾诉后说："你不要盲目地羡慕别人的婚姻，婚姻就好像穿鞋子，鞋子穿在自己的脚上，谁舒服谁知道，很多人都喜欢晒幸福，而这并不意味着他们的婚姻真的十全十美。你最大的问题是喜欢计较和比较。但这是婚姻最大的忌讳。"玛丽听了妈妈这番话之后，她开始反省自己去要求别人之前，也要反观自己是否如想象中那样完美无瑕。

通过这个故事我们可以看出来，幸福的婚姻不是计较出来的，也不是比较出来的，每个家庭都有每个家庭的模式，只要过得好，无须比较孰优孰劣。所以，与其越比越生气，不如静下心来好好经营自己的生活，找到属于自己的幸福感。

一个女人要做到少计较，不比较，首先要有宽容的心态。宽容他人是一种境界，宽容自己的爱人则是一种智慧。有了宽容的调和剂，即便对方有缺点，你也会退一步海阔天空。

一个女人要做到少计较，不比较，就要心胸宽广，活出自己的气度与气量。事实上，当一个女人做不到这点时，不仅会让男人感到厌烦，甚至还会严重影响到孩子的教育。我就曾看到很多没有气度、没有智慧的女人和孩子哭穷。

向孩子哭穷会毁灭一个孩子的灵性与天性。我经常讲，当一个家长告诉孩子家里没有钱，家里很穷的时候，这种伤害比训斥孩子的伤害还要大10倍。所以，作为一个合格的妈妈，一定不能在和别人比较的时候，让孩子知道自己家里没有别人家有钱，同样也不要拿穷作为借口不给孩子零花钱，6岁以上的孩子必须给零花钱。

在婚姻当中，有些女人在计较或者比较之后，就会心理失衡，然后就会拿孩子出气。告诉孩子爸爸没本事，家里没有钱，这种做法会对孩子的心理产生极大的负面影响，不仅会让孩子在未来的生活中失去竞争力，同时还会让孩子失去幸福感与满足感。

所以，请记住，千万不要因为自己没有气度和气量，就在孩子面前哭穷。你可以说赚钱不容易，但不要告诉孩子你家没有谁家有钱，你家比谁家穷。因为，当你把比较和计较的结果施加到孩子头上时，你的孩子很可能会因此失去美好的前途。

一个家庭是否快乐，一段婚姻是否美满，一个女人是否幸福，绝对不是比较和计较来的。拥有幸福感的女人，靠的是自己的智慧和男人的高度，而计较和比较只会限制男人的高度，只有智慧的女人才懂得激发男人的斗志，让他成为更好的自己。相反，当一个女人过分计较和比较的时候，只会打压男人的自信心和自尊心，让他离成功越来越远。

第四章
智慧修炼,做最好的自己

如果你想在孩子心里洒下和煦的阳光,那你自己心里必须光辉灿烂;如果你想孩子的人生是一道亮丽的风景,那你必然不能在别人的风景里当背景板;如果你想让孩子自信、勇敢地做最好的自己,那你一定要先修炼出最好的自己。

1. 说话有自信，所有人都挺你

一个人一生当中要扮演很多角色，在婚姻中，你是丈夫或是妻子，是父母；在工作中，你是老板，是领导，是员工；在社交活动中，你是朋友，是伙伴……如果你想要面面俱到地演好每个角色，让身边的亲人、朋友感到快乐、幸福，让自己的事业更加成功，让自己的生活一帆风顺，那么，你首先就要学会好好说话。

很多人觉得说话很容易，但是，我想说，说话其实是一种能力，并不是每个人都具备把话说得清楚、说得明白、说得动听的能力。所以，如果你想要修炼更好的自己，你就要掌握说话的艺术。

我们掌握了说话的艺术，我们的婚姻会更和谐，我们的孩子会更优秀，我们的事业会更成功。对于普通人来说，想要练就说话的能力，可以先从演讲开始。如果你觉得演讲对于你来说完全无用武之地，那么，你可以看看以下这几位是如何通过演讲收获更精彩人生的。

提起马云，大家最先想到的就是他的事业如何成功，他的企业如何赚钱。但其实，马云不仅具有非常好的商业头脑，同时还拥有极好的口才。在马云初创阿里的时候，资金就是他最大的问题，但是，他凭借一张嘴，说服了亚洲首富孙正义，拿到最重要的一笔投资，2000万美元。试想一下，如果马云没有好的口才，那他就无法说服孙正义，无法得到这笔这么重要

自我篇

父母负责阳光雨露，孩子自然茁壮成长

的投资，而今天的互联网格局，也不会是今天这个样子。所以，一个人的口才非常重要。

雷军在最近一次演讲中说："我的演说水平远远没法跟马云相比，马云的号召力和演说水平，我是望尘莫及的。"通过这番话，你会发现，优秀的企业家，同时也是优秀的演说家。我们随便掰手指，就能数出一大串颇具演讲家特质的企业家，除马云、雷军外，还有周鸿祎、罗永浩、俞敏洪，等等。这些人，随便拎一个上讲台，都能给人带来一堂精彩的演讲。

福建企业家曹德旺是一位十分成功的创业者，他创立的福耀玻璃，曾经一度拥有全球汽车玻璃70%的销量。这位非常了不起的企业家，在创业过程中，曾经几次跌入人生低谷，但是，最后他都通过有效的沟通以及社交演说，成功走出低谷。用曹德旺自己的话说，如果他不会社交，不会沟通，不会演说，也就没有今天的福耀玻璃。

我们都知道中国长城汽车，这家了不起的公司，在SUV领域取得非常好的成绩。这家公司现在的总裁叫王凤英，当初在她刚从北大毕业时，在一次招聘单位的演讲中，她脱颖而出，被老板发现她这个人才。如果当初王凤英没有通过演讲表现出自己的实力，也许她今天就不会成为这么成功的职业经理人。所以，懂得演说确实能够帮助我们收获更多。

在浏览了国内因为讲话艺术和演说能力而取得非常成就的企业家之后，我们再来看看国外有哪些人的命运因演说能力而改变。

克林顿当了两任美国总统，在任期间，他的年薪是40万美元。但是在他卸任之后，每年通过演说能赚到4000万美元。另一位美国总统奥巴马，他通过演说征服了美国民众，成为美国历史上第一位黑人总统。据统计，

在竞选期间，奥巴马一天最多演讲七场，而他的竞选资金大部分都是通过演讲募集而来的。

乔布斯被称为苹果之父，他和他的苹果公司改变了现代通信、娱乐乃至我们的生活方式，然而这一切都不及他的另一项能力——演说能力。在现代社会，一个产品无论多么优秀，都离不开大肆宣传，而公众演说——发布会，无疑是最好的宣传。乔布斯用其感染力十足的演说吸引了一批又一批的粉丝，而这些人，也成为了苹果最真诚、最狂热的用户。

看过这么多成功者的故事之后，你应该已经发现，一个人说话的能力是多么重要，一个人懂得演讲是多么必要。所以，如果你想成为一个更好的自己，想要给自己的家庭带来更积极的改变，想要给自己的孩子带来更好的影响，想要给自己的事业带来更多机会，那么，从现在起，开始培养好好说话的能力。从演说开始，让人生更得意。

2. 从"微习惯"开始，养成更多好习惯

一位日本心理学家曾经说过："心理变，态度亦变；态度变，行为亦变；行为变，习惯亦变；习惯变，人格亦变；人格变，命运亦变。"由此可见，一个人的行为习惯，往往决定着他的命运。

在家庭生活中，有些人不是抱怨自己的伴侣没有好习惯，就指责孩子养成了坏习惯。对于这样的父母我想说：在你抱怨和指责他人之前，你有没有想过自己是不是拥有好的习惯的呢？在我的课堂上，我会告诉所有来上课的父母，在培养孩子养成更好习惯之前，自己要先养成好习惯。

"习惯是所有成功者的奴仆，也是所有失败者的帮凶"，好的习惯可以让人受益终生，而坏的习惯则会让人一事无成。所以，我们一定不能忽视好习惯的力量，而是要多多培养好习惯，让它们帮助我们塑造更好的生活，教育出更优秀的孩子。

当我在课堂上告诉大家要养成好习惯时，很多人对我说："陈老师，我也希望有好的习惯，比如减肥、看书、健身、写日记。可是，我每天那么忙，所以这些好习惯我只能想想，根本没办法落实啊。"对此，我有一个解决办法，那就是从"微习惯"开始，逐渐培养你的好习惯。

"微习惯"顾名思义，就是很小的习惯。当你开始做这件事的时候，你不会因为完成它而感到困难。比如建议你现在摸一下鼻子，你一般不会

拒绝，因为这件事不会让你感到有多么不舒服。运用到运动或者学习方面，每天出去跑步十分钟或者每天做一个俯卧撑，每天看半个小时书或者写一百个字。这些微小的事情坚持每天做，便容易形成习惯。那么，我们要如何养成"微习惯"呢？

首先，选择适合自己的微习惯。

比如每天做一个俯卧撑，看两页书，写50个字或者背一个英语单词。这些习惯都有利于自己的个人发展或者身体健康。比起每天做100个俯卧撑，一周看一本书，每天写一篇3000字的文章，每天背50个英语单词，微习惯显得更切实际，也更容易执行。

其次，列出实行计划。

我建议微习惯不要选择太多。三个左右为佳。当微习惯一下子太多的时候，很难记住一天需要做什么。并且根据相应计划，列出对应的实施时间。

最后，记录完成情况并及时反馈。

每天做完微习惯的项目之后，做相应记录。坚持一段时间之后，会有惊人的发现。也许熟悉的单词变多，超预期看完一本书，写了很多文章或者身材开始变好，等等。通过这一改变，微习惯更能够坚持下去。

在家庭生活中，"微习惯"的养成可以让你的生活向着更美好的方向迈进。但是，有些时候"微习惯"还不足以让我们变成好的自己。所以，如果你想通过养成好习惯让生活更美满幸福，那么，你就要在养成"微习惯"之后，培养更多好的习惯。

（1）定期外出旅游

很多人在结婚之后，就会为家庭所束缚，没有时间或者没有勇气再外出旅行。其实，定期的旅行可以帮助你的心灵获得安宁，让你身心放松，而且，定期带孩子旅行，还能开阔孩子的视野，增长孩子的见识。所以，即使结了婚，有了孩子，也要养成定期旅行的习惯。

（2）控制饮食

少食多餐可避免吃得过多；早餐应包括碳水化合物、蛋白质和少量脂肪；用水果代替高脂肪、高热量的零食会让你精力更充沛。但是，不要为了减肥而节食，可以偶尔放松一下饮食约束。

（3）不熬夜

早点睡，没有什么值得你熬夜。肆无忌惮地消耗身体，是对自己最大的不爱惜，也是对家庭最大的不负责任。不管工作有多忙，也不要拿自己的健康开玩笑。别睡得太晚，别爱得太满，熬夜是健康最大的敌人，所以一定要早睡早起，养成不熬夜的习惯。

（4）晚上重新开始约会

定期在你们喜欢的餐厅约会吃饭，为你们的婚姻生活注入一些新鲜元素，如徒步旅行、参加烹饪课或去游乐场。研究认为，新鲜是幸福婚姻的必需品。选一些你们以前都没做过的事情，当你们做这些事情的时候，体内的多巴胺会增加，这是一种促进心情的化学物质。

（5）彼此的成功

当你的伴侣下班回家告诉你他（她）得到老板的表扬了，你有没有为他（她）很开心呢？研究发现，一起分享彼此成就的夫妻更幸福。因为这种庆祝可以增加自信心，也使你们变得更加亲密。

（6）和伴侣一起流汗

和伴侣一起出去健身，你不仅会更加健康，你们的性生活也会有所提高。你们可以激励对方，还可以一起发掘新的健身活动，如骑单车或徒步旅行。研究发现，健身后的人们更容易享受性爱，因为健康可以缓解压力、增加能量，让你对自己的身体更加自信。

3. 寻找良师益友，拓展自己的"圈子"

在人的一生中，有三件非常可悲的事情：第一件是遇良机不握，第二件是遇良友不交，第三件是遇良师不学。如果你不想让自己的人生太过凄凉，那么，你就要找到自己生命中的良师益友。因为，拥有真正的良师益友，其意义不亚于拥有百万美元。

大家应该都听过"孟母三迁"的故事，为了让孟子有一个良好的成长环境，这位伟大的母亲不辞辛苦，一而再、再而三地搬家。其实，关系我们成长发展的不光是周围的环境，还有环境中的人。所以，我们应该努力寻找生命中的良师益友，让这些充满正能量的人，帮助我们成为更好的自己。

如果你非常幸运地找到自己的良师益友，那么，一定要想方设法和他黏在一起，积极地向他学习，学习他的智慧，学习他的品格，只有这样你才能实现飞跃式的进步。我就是一个非常幸运的人，因为，在我的生命中出现过很多良师益友，这其中对我影响最深的一位就是董明珠女士。

董明珠是一位非常了不起的企业家，她在36岁时进入格力成为一线销售员，23年之后，在她59岁那年，董明珠成为格力集团的董事长兼总裁。在董明珠的执掌下，格力一年的产值就到了1500亿元。2017年，这一数字更是突破了2000亿元大关。

我和董明珠的相识是在一次游学中，在此之前，她就已经是我非常崇拜和尊敬的企业家了。所以，见到她之后，我怀着崇敬的态度，主动和她聊了很多。在逐渐相熟之后，我就叫她董姐。

有一次，我和董姐一起聊天，一起谈我的商业计划，她听了之后非常开心。后来，她的副总问我："陈老师，为什么我们董姐和你聊天总能笑得这么开心啊！董姐在格力的作风，就像铁娘子一般，可以说她走过的路，连草都不会生。"当然，这是玩笑话。但是，为什么董姐和我在一起时能够这么放松，这么自然呢？我想这要归功于我对待良师益友的态度，即使对方处在事业的低谷，面对良师益友，我依然抱着崇敬的心，给予对方鼓励与支持。

在格力经历风波，董姐被免去总裁职务的时候，我给她发了这样一条短信：

亲爱的董姐，您为了几万生产员工，几十万渠道员工，几百万上游员工，为了格力品牌，也是为了格力的美好生活，更是为了做出体现中国人尊严和国民能力的好产品。而今，您已经做到了，但每天你还是那么拼，我们真的是很心疼您！可是陈捷力量很小，不知道说什么，也帮不上什么忙，只是恳请您多保重身体，我们永远支持您，深深地爱着您！您在长沙的学生陈捷敬上！

董姐给我的回复是："谢谢您"！面对这个回复我非常感动，我相信收到我短信的董姐，同样也很感动。

在与董姐相处的过程中，我从来没有要求她帮助我任何事情，每一次她都主动问：我有什么可以帮到你的？我非常感谢董姐，因为，在生命中很多商业模式的设计，董姐都给了我很多的建议和支持。可以说，她就是我生命中的贵人。这就是我和我的良师益友的故事。

告诉大家我和董姐的故事，是希望你们能明白"读万卷书不如行万里路，行万里路不如阅人无数，阅人无数不如名师开悟，名师开悟还需贵人相助"的道理。当你生命中的良师益友出现时，你一定要抓住机会，向他学习，让他成为你生命中的贵人。

4. 提升社交能力,做一个社交高手

无论是在生活中,还是在婚姻中,你都要与各式各样的人相处,倘若处理不好人际关系,那么,你的生活和婚姻就会变得一团糟,更有甚者还会因此影响到孩子的教育。所以,想要成为更好的自己,就要提升社交能力。只有当更多人喜欢你之后,你的生活和婚姻才会更加阳光灿烂。

对于如何让更多人喜欢自己,我有八个字秘诀,叫作"逢人减岁,遇货加价",当你明白这八个字的真谛之后,你就能在人际相处中做到如鱼得水了。

秘诀解读一:逢人减岁

每个人都希望活出年轻态,都希望自己在别人眼中可以显得更年轻。所以,当你遇到三十几岁的人时,最好说他看起来只有二十几岁;遇到四十岁的人时,就说他顶多三十岁,以此类推。总之,在聊到年龄问题时,最好要说他比实际年龄看起来年轻。

很多人可能会问,这不是让我们讲假话吗?在此,我要告诉你,如果这是假话,那它也是善意的假话,并没有恶意的欺骗。逢人减岁是与人沟通交往的艺术,当我们与陌生人交谈的时候,需要尽快建立起信任感。如果你不懂得沟通的艺术,讲错别人的年龄,不仅会让自己显得没礼貌和教

养，还会让沟通的气氛变得尴尬无比。试想一下，如果你问人家几岁，人家告诉你30岁，你却说人家看起来像40岁，你觉得经过这样的对话之后，对方是不是会把你拉入黑名单呢？

在与人交往中，要赢得对方好感，才能获得进一步沟通的机会。所以，逢人减岁也是要讲究技巧的，这个技巧的关键就是真诚。讲别人年轻一定要真诚，不能敷衍了事。比如，你在说完别人年轻之后，可以问问对方是怎么保养的，又或者请教对方有什么保持年轻的秘诀。这样你才能赢得对方的好感。

秘诀解读二：遇货加价

遇货加价，举个例子来说：我穿了一套价值6999元的西装。你看到我的西装要说："陈老师，你这套西装剪裁真好，你穿上显得特别帅，这套西装怎么也要两万块吧。"你说，我听了这番话，是不是会特别喜欢你呢。相反，如果你说："陈老师，你这衣服是不是500块的A货啊，我看你穿怎么那么别扭呢。"听了这番话，我一定有和你绝交的冲动。

在生活中，一个人所买的东西代表他的品位与眼光，所以，你要夸他慧眼识货，他才会觉得你同样很有品位与眼光。如果你总是打击别人，总是贬低别人不识货，那么，你只会成为人见人烦的讨厌鬼。

逢人减岁，遇货加价，简单来讲就是要从别人身上发现闪光点。只有当你在别人身上看到好的方面，并把这个信息传达给对方，对方才会发现你的好。当然，在社交活动中，想要赢得他人的喜爱，你需要做到以下几点：

尽可能鼓励别人。你要称赞他获得的成果——即使是很小的成果。称赞如同阳光，缺少它我们就没有生长的养分。你的称赞永远都不会多余。

仔细观察别人，那样你就会发现他做的好事。当你表示赞许的时候，你要充分说明理由，这样你的称赞就不会有谄媚之嫌。

你要经常引用别人高尚的思想和动机。每个人都希望被别人认为是宽宏而无私的。如果你希望别人有所改善，那么你就做出仿佛他已经拥有了这些优良品质的模样。那样，他会尽一切可能不让你失望。

当你犯了错误的时候，你要及时道歉；当你要受到指责的时候，你最好主动负荆请罪。

当别人发怒的时候，你要表示理解。他人的怒火常常只是为了引起你的注意。你要给予别人足够的同情和关注——他们需要这些。

你尽可能不要批评别人，不得不批评的时候也最好采取间接方式。你要始终对事而不是对人。你要向对方表明，你真心喜欢他也愿意帮助他。永远不要以书面形式批评别人。

你要试着站在别人的立场分析事情。印第安人说过："首先要穿别人的鞋走上一段路。"你不要忘了问自己：他这样做是出于什么原因？理解一切意味着宽恕一切。

常常赠送一些小礼品——可以没有任何理由的，寻找让别人快乐的途径。在礼物上花费的精力表明了你在他身上花费的心思。

当你想到对方时，要给予他最好的祝愿。

你要尽可能少说话。你要给别人诉说的机会，而自己甘做一个好的听众。

你要对别人表示真正感兴趣。你要将此作为自己的口号：对别人感兴趣，而不是自己显示出有兴趣。你要表示自己正在思考帮助对方的方法。

5. 树良好家风，做智慧女人

一个美丽的女人，就好像一道让人赏心悦目的风景，而一个智慧的女人，就好像一本让人受益匪浅的书。在一个家庭中，如果女人足够智慧，那么，她的丈夫就可以安心地打拼事业，而她的孩子也可以快乐健康地成长。可以说，智慧的女人，就是幸福家庭的支点。而要成为智慧女人，就要不断提升自己的境界，就要不断修炼自己的行为举止。

一般来讲，智慧女人需要经过五项修炼：第一项，兰心蕙质；第二项，锦心绣口；第三项，风姿绰约；第四项，富贵尊荣；第五项，健康长寿。

智慧修炼一：兰心蕙质

兰心蕙质，简单来讲就是优雅。优雅是女人最美的外衣。优雅是一种感觉，这种感觉更多地来源于丰富的内心。所以，要成为一个优雅的女人，就要有充实的内涵和丰富的文化底蕴。

优雅还包括一个女人对美好事物的独到见解和追求。我曾经遇到过一位女企业家，她的事业非常成功。有一次，她到我的办公室喝茶，泡完茶，我就点起沉香。谁知这位女企业家却说："怎么，喝茶还要拜一拜吗？"点沉香明明是为了营造更好的气氛，可这位一点也不优雅的女企业家却让气氛全无。

优雅的女人要懂得茶道,优雅的女人更要知道点沉香是为了净化空气和心灵。所以,如果条件允许的话,女人可以品品红酒、喝喝咖啡、学学茶道,对生活中能够帮你提升品位和境界的美好事物多做一些了解。当然,如果你想修炼出优雅的气质,一定要学着穿旗袍。因为,女人穿旗袍是最优雅的。

智慧修炼二:锦心绣口

锦心绣口,简单来说就是口才。语言是人与人之间交流的载体,语言表达能力的好坏,直接决定了人际关系的和谐与否,进而还会影响到事业的发展以及生活的幸福。特别是对于一个女人来说,口才好的女人不仅能够获取家庭的幸福,更能够在事业上平步青云,同时还能为自己增添个人魅力。

口才好的女人在任何场合都能如鱼得水,她可以直言曲达,把话说到别人的心窝里;她可以随机应变,应付突如其来的尴尬;她可以口吐莲花,伶牙俐齿惹人爱。所以我说,如果条件允许,你可以和我一起练习演说,锻炼口才。如果条件不允许,你可以先从朗读开始。

智慧修炼三:风姿绰约

风姿绰约,简单来讲就是气质。一个女人的外在形象虽然很重要,但是,如果一个女人没有气质,再漂亮的外表,也会大打折扣。可以说,女人的气质美,要比单纯的外在美更能引人入胜。

女人的气质是与生俱来的,当然,通过后天的努力,每个女人都可以修炼出风姿绰约的好气质。如果你问我:女人究竟该怎样去修养气质?那么,我会告诉你:多读书,腹有诗书气自华。所以,要修炼好的气质,就要看自己喜欢看的书，养成看书的习惯。此外，培养气质，平时还要注意以下几点：

关注一些有关时尚、服饰、配饰方面的信息，量身妆扮自己；

平时注意自己的言谈举止，即动作、口语，避免粗俗不雅；

走路抬头挺胸收腹，养成高雅随和的习惯，多穿高跟鞋有助于这一点；

有意识地主动与那些气质好的人交谈，次数多了，就会消除或减少紧张与拘谨，达到应付自如的状态；

养成听音乐、欣赏艺术及书情画意的爱好，陶冶情操，赋予自信；

拥有良好心态，用心感受生活的美好，让好心情从心灵深处滋生美丽的笑容；

培养好的个性和阳光的生活方式，做一个自由独立而又有主见的暖人女性。

智慧修炼四：富贵尊荣

富贵尊荣，简单来讲就是财富。财富分为有形的和无形的，无形的财富就是女人身上所有的优良品性，包括你的气质、口才、知识、内涵，等等。这些财富可以帮助你经营婚姻，维系爱情，教育孩子。所以，无形的财富关系着每个女人的幸福。

有形的财富就是女人赚到的钱，女人要赚钱，因为，能够自己赚钱的女人，不用依附于男人，所以，赚钱能够给女人带来安全感。此外，女人自己赚到钱就可以名正言顺地给自己买喜欢的东西。所以赚钱又能给女人带来满足感。

智慧修炼五：健康长寿

健康长寿，简单来讲就是责任。一个女人对自己和家人的身体健康不够重视，就是对家庭最大的不负责任。所以，天冷的时候，记得加件衣服，淋雨之后记得冲个热水澡，没事的时候，多做运动。记得，关心自己和家人的健康才是智慧女人应该负的责任。

衡量一个人是否健康，可以参考以下五个标准：标准一，充足的睡眠；标准二，合理的饮食；标准三，适当的运动；标准四，有效的保养；标准五，阳光的心态。

开过车的人应该都知道，车开了几百公里之后，就要进行保养。所以，我想问你：你在经过这些岁月之后，有没有给自己好好保养过呢？一个女人不仅要懂通过调整饮食、适当运动来进行有效的保养，同时，还要注意家人的身体保健，给丈夫买保健品，给孩子准备营养的膳食，周末的时候全家人一起运动锻炼。这些都可以帮助你和你的家人拥有健康的体魄。

教育篇

破解教育密码,送给孩子一份受用终身的礼物

第五章
身体力行,培养孩子良好的品行

不耕耘,不播种,再肥沃的土壤也无法长出果实;没有鼓励,没有引导,再优秀的孩子也无法功成名就。每个孩子都是一座无比珍贵的宝藏,而只有智慧的父母才能发掘孩子身上最美好的品德,培养孩子最高贵的品性,树立孩子最高远的志向,让孩子像宝石一样晶莹剔透、璀璨夺目。

1. 给孩子无条件的爱，让他自信成长

在这个世界上，所有父母都是很爱自己孩子的，但是，并不是所有父母都能做到对孩子无条件地爱。想想那些自己做不到，就希望孩子做到的期望，再看看那份"望子成龙，望女成凤"的盼望。身为父母的我们，在爱孩子的时候，是不是预设了太多对孩子来说不必要的前提条件。

我曾遇到过很多父母，他们深深地爱着自己的孩子。但是，到最后他们却发现：孩子不愿意和他们讲话，讲话也是只言片语。这些父母不明白，为什么自己的孩子会变成这样。其实，原因很简单，因为他们对孩子的爱都是有条件的，当孩子不能满足这些条件时，他们的爱就像枷锁一样给孩子的心灵带来巨大创伤。

我们可以一起来回想一下：当孩子出现你不能忍受的缺点时，你是怎么做的？你是不是能像爱优点一样，接受缺点呢？当孩子考试成绩不好的时候，你又是怎么做的？你是不是能因为爱而不去指责他，不去要求他取得更好成绩呢？当孩子很乖、很听话的时候，父母的爱很简单，但是，当孩子出现问题时，父母的爱就会有附加条件。此时，孩子就会觉得：如果我不够优秀，爸爸妈妈还会爱我吗？如果我成绩不好，爸爸妈妈还会爱我吗？如果犯了错，爸爸妈妈还会爱我吗？……

现在，有些孩子三岁就开始背《唐诗三百首》，因为隔壁家的孩子两

教育篇
破解教育密码，送给孩子一份受用终身的礼物

岁半就已经背出 30 首唐诗了；有些孩子四岁就开始学习弹钢琴，因为亲戚家的孩子已经过了 10 级。这种为了攀比而开始的学习，只会让孩子在比较中失去自我。所以，爱孩子，不要拿他和别人比，更不要在孩子比不上其他孩子时，就喋喋不休地指责和训斥，让孩子全然感觉不到父母的爱。

所有孩子都希望父母能无条件地爱他们，可是，很多父母却在教育孩子的过程中用有条件的爱伤害了孩子的自尊和自信，而这是一个极其严重的错误，这种错误会让孩子失去幸福感。那么，身为父母要如何做才能让孩子感受到无条件的爱呢？

首先，无条件的爱，就要接纳孩子的既有行为。

什么叫接纳孩子的既有行为？举个例子来讲，当你的孩子学习成绩不好或者在学校做了什么不好的事情时，他的行为已经发生了，面对这些不好的行为，你要学会接纳它们，而不是对孩子乱发脾气或者打骂孩子。有些时候，孩子犯错了，你打他，你骂他，他会觉得，你惩罚他了，所以，你们之间就可以一笔勾销了，而这对于帮助孩子改正问题一点帮助都没有。

当孩子犯错之后，面对他的不好行为，家长要有同理心，要站在孩子的角度看问题。比如，孩子成绩不好，你不要指责他笨，让他自己面对结果。而是应该问问他为什么考不好，是因为题目太难，还是因为自己一时马虎？问问他需不需要妈妈或者爸爸为他提供什么帮助？如果孩子打架，你不要怪他惹是生非，让他感觉自己被孤立。而是应该了解他打架的原因，然后和他一起解决问题。

在此，我想特别提醒各位家长的是：当孩子犯错或者出现不好的行为时，父亲的态度和行为是十分重要的。因为，在孩子心目中，父亲代表着一种责任，父亲的形象就是一种力量的象征。所以，当父亲出面和孩子一起解决问题时，他才能获得更多安全感。

其次，无条件的爱，就要有耐心地要求，有原则地坚守。

天下所有父母都希望孩子"青出于蓝，而胜于蓝"，所以，在教育孩子的时候，父母会对孩子有所要求。如果你不想让这份要求变成有条件的爱，就要在孩子达不到你要求的时候，拿出你的耐心，陪他一起努力，支持他向着目标前进。

有些父母在孩子达不到自己预期时，动不动就会怪孩子不动脑子，或者指责孩子不够聪明，这种缺乏耐心的行为，不仅会让孩子失去信心，还会让孩子变得不愿意学习。所以我说，爱孩子就要有耐心地要求孩子，而不是简单粗暴地打击孩子。

无条件的爱，并不是无底线的爱，所以，爱孩子同时还要有原则地坚守。有些父母觉得，爱孩子就是要尽量满足孩子的要求，即使孩子的要求过分时，很多父母也会尽力不让孩子失望。其实，这种做法是大错特错的。首先，父母作为成人应该懂得判断什么对孩子有利，什么对孩子不利，就比如现在很多孩子都开始玩电子产品。父母应该坚守原则，而不是一味地迁就孩子让他玩电子产品。

在教育孩子时，有些基本原则是必须坚守的。比如，孩子的礼貌问题。很多孩子对长辈没大没小，就是因为父母没有坚守这些基本原则，结果让孩子变成毫无教养的"小皇帝""小公主"。所以，真正的爱孩子，就要有原则地坚守。

2.放大孩子的优点，别吝惜你的赞扬

美国成功教育学家拿破仑·希尔说："每个孩子都有许多优点，而父母恰恰相反，他们总是盯着孩子的缺点，认为管好孩子的缺点，才能让孩子更好地成长。其实，这样做就像蹩脚的工匠，是不可能造出完美瓷器的。"

我的教育经验告诉我，成功父母与失败父母的最大区别就是：前者总是能看到孩子的优点，而后者却总盯着孩子的缺点。其实，父母在教育孩子的时候，不仅要善于发现孩子的优点，让孩子在自信中成长，更应该放大孩子的优点，在鼓励与表扬中，让孩子变成更优秀的自己。

在我的课堂上，曾经有一位非常伟大的母亲，她是一位金融才女，她的事业非常成功，她的家庭一开始也很幸福。但是，在她儿子3岁的时候，她发现孩子患有严重的口吃。此时，她和孩子的父亲都感到无比难过，他们访遍了各地名医，四处找治疗口吃的偏方，结果几乎所有医生都告诉她，她的孩子很难得到治愈。

在孩子4岁的时候，这位伟大的妈妈做了一个决定，她决定放弃自己的事业，做一个朝九晚五的普通上班族，每天准时回家陪孩子，和他一起至少朗读一小时。于是，这个孩子从4岁那年开始，每天都和妈妈一起朗读，一直到7岁那年，这个有着严重口吃的孩子，竟然可以流利地朗读唐诗了。

在母亲的鼓励中，这个孩子的口吃问题解决了。但是，为了改掉口吃的问题，他每天练习跑步，所以，他成了超级好动的男孩。在课堂上，这个男孩最多只能坐10分钟。后来，他参加了"Yes, I can"的课程，一开始只能坐15分钟，然后，他就会自己走上来，站在讲台旁看着我讲课。在这个过程中，我一直鼓励他，表扬他，最后，他终于可以乖乖地坐到20分钟。

为了彻底解决这个男孩好动的问题，我就让他妈妈鼓励他学习书法。在刚接触书法的时候，这个男孩并没有太多热情。但是，我鼓励他的妈妈把他写的字发到朋友圈，让大家给男孩的书法作品点赞。当点赞数量越来越多之后，男孩的优点被放大了，他找到前所未有的自信。后来，这个男孩开始坚持练习书法，他好动的问题也已经完全解决了。现在，这个男孩已经能写一手非常漂亮的狂草了。

孩子需要被肯定、被认可，就像我们需要阳光和空气一样。所以，父母在教育孩子时，应该发现和放大他们的优点，并真诚地赞美和表扬他们的优点，让他们在自信与健康快乐的心态下成长，帮助他们找到属于他们的成就感。

在我的课堂上，曾经有一个女孩子，她在参加我们的"Yes, I can"之前，是个极度自卑，特别没有自信的孩子。在"Yes, I can"的课程里，我们会让孩子上台演讲。这个女孩子因为不自信，一直不愿意上台。后来，我坚持让她上台，她告诉我：可以上台，但是她不想拿话筒。我没有同意，最后我们各退一步，她决定反着拿话筒，她觉得这样就没有人可以听到她的声音了。

这个女孩子上台演讲，她讲得很短，声音也很小。但是，在她下台的

教育篇
破解教育密码，送给孩子一份受用终身的礼物

时候，我给了她一个大大的拥抱，并对她说："你在台上的表现很好，你介绍名字，介绍得非常清楚。"其实，当时她除了名字介绍得比较清楚之外，其他内容都讲得不太清楚。但是，我同样给了她很大鼓励，并让全班同学给她鼓掌。后来，这个女孩子自己提出，愿意再上一次台。

在我一次又一次的鼓励下，那个曾经羞涩、不敢表达、不愿意讲话的女孩已经有了很大的改变。现在，提到这个女孩，我就觉得特别欣慰，因为，通过在"Yes,I can"的学习，她给自己树立了一个伟大的梦想，她的梦想是超越董卿，成为最好的主持人。在她完成这个大梦想之前，她还有个小梦想，就是考进珠海容闳学院。但是，非常遗憾，她的成绩并没有达到这所学院的要求。

一般来讲，当一个孩子和自己心爱的学府失之交臂时，他除了伤心难过之外，并不会想太多。但是，这个女孩子给容闳学院的院长写了一封信。这位院长打开信后，上面写着：

"院长您好，我是一名崇拜容闳学院的学生，我来自珠海紫荆中学，我做梦都想成为容闳学院的学子，只可惜，这次我没有考上。但是，请你破例收我。如果容闳学院今天收了我，我不仅能成为容闳学院现在的骄傲，我还可以成为容闳学院未来10年、20年的骄傲。不管您收不收我，您只要给我3分钟，我相信，您一定会收下我……"

看到这封信后，这位院长很惊讶，因为，自建校以来，从来没有学生给他写过这样的信。在好奇心的驱使下，院长决定给这个女孩一个机会。结果这个女孩就在院长面前，讲述了自己如何改变，如何在火车车厢里练习演讲，如何参加社会实践，等等。最后，这个女孩终于被破格录取了。

这个女孩的故事，在容闳学院被传为佳话。如今，这个女孩已经在悉

87

尼大学读书，而她是这所高等学府里唯一能用中英文流利演讲的主持人。

在"Yes, I can"的课堂里，像这样因为被鼓励、被肯定而发生改变的孩子还有很多。所以，如果你也希望自己的孩子能够变得更优秀、更成功，那么，你需要用放大镜去观察孩子，发现孩子的优点，放大孩子的优点，然后，给他鼓励与支持。

最后，我希望所有父母都能记住：对待任何一个孩子，往往是表扬越多，优点越多；训斥越多，毛病越多。赞美是父母送给孩子的最好礼物。父母越是能够发现和放大孩子的优点，孩子就会具有更多的优点，就会变得更加优秀。

3. 培养孩子正确的三观，让孩子正直向上

父母是孩子的第一任老师，孩子的言行举止能够映射父母的教养和三观，父母对孩子性格的养成有着巨大的影响。其实，只要你仔细观察就会发现，每个人身上都有自己父母性格的影子。所以说，父母传递给孩子的世界观、价值观、人生观，几乎决定了孩子未来的性格和命运。

在孩子成长的路上，正确的观念就像温暖的太阳一样，可以给孩子带来积极向上的能量。相反，错误的观念则只会扭曲孩子的人生。很多家长可能会觉得，我们一直都在传递正确的观念，我们从来不会传递错误的观念给孩子。事实真的如此吗？接下来让我们看看前不久微博上发起的活动是怎么说的吧！

如果可以，请不要告诉孩子，如果他们再调皮就会被警察叔叔抓走，我们希望在他们遇到危险的时候，会向我们求救，而不是被我们吓跑。

如果可以，请不要告诉孩子，如果他们不认真读书，长大就只能扫大街，我们很低微，可我们绝不卑贱。城市的环境，也有我们一份功劳，我们可以无愧享受他人的尊重。

如果可以，请不要告诉孩子，如果他们捣蛋，医生就会给他们打针，我们希望在孩子生病的时候，知道我们是最想帮助他们的人。

……

这些文字只代表了父母传授孩子错误观点的冰山一角,在生活中,很多时候父母一不留神说出的话,都会给孩子树立错误的观点。而这些错误的观点,会影响孩子的心理健康,让孩子无法积极乐观地快乐成长。

父母是孩子最好的榜样,所以,在孩子面前父母要注意自己的言行,一定不要因为孩子小不懂事,就用简单粗暴的方式对待孩子。事实上,父母的行为习惯、为人处世、观念想法,已经在潜移默化中影响着孩子。那么,父母要如何才能帮助孩子树立正确的三观呢?

(1) 教孩子学会理财

培养孩子正确的价值观,让孩子知道父母的薪水和每月支出的标准。给孩子买东西时由他自己来付钱并记账。这不仅能让孩子懂得感恩、节制消费,还能培养其家庭责任感。

(2) 不要溺爱孩子

不要给孩子一切他想要的东西,这样很容易养成孩子过度以自我为中心的心理,不能对孩子百依百顺,很容易生成攀比心理。

(3) 观察孩子的朋友

如果孩子的朋友大多数都热衷于经济攀比,而孩子又比不过他人,就很容易对家长产生怨恨。孟母三迁,为的就是让孩子"近朱者赤"。如果孩子的朋友们都乐于学习并相互交流,那么孩子自然也会为了融入其中而乐于学习。

(4) 培养孩子的兴趣爱好

丰富多彩的精神生活可使人充实,心情愉快,精神有所寄托,还能陶冶情操，有益心理健康发展。兴趣爱好是人重要的精神生活之一，一个人有丰富的兴趣爱好，有利于适应环境，发挥生命活力和身心潜能，而这些都是心理健康的基础。兴趣是最好的老师，梦想是兴趣的核心。所以，一定要培养孩子的兴趣爱好，让孩子在兴趣的牵引下快乐地追求梦想。

（5）改变孩子攀比的焦点

其实有攀比心可以理解为有竞争意识，如果家长能抓住孩子这种心理，引导孩子在学习、才能、毅力、好习惯等方面进行攀比，也是件好事。

（6）创造和睦的家庭氛围

父母要为孩子创造一个和睦的家庭，关心孩子，孩子也懂得孝顺长辈，这样的家庭对孩子有一种潜移默化的作用，孩子就会在这种良好的氛围中，学会和人融洽相处，懂得关心别人、照顾别人。在冷漠的家庭中成长的孩子往往也是冷漠的，而在和善的家庭中长大的孩子往往性格更加开朗，兴趣丰富，喜欢和人交往。所以要克服孩子胆怯自卑，孤僻离群的性格，就要从家庭中做起，让孩子感受到家的温暖，感受到足够的安全感，才有助于三观的正确养成。

（7）鼓励孩子走出去，多参加社交活动

父母要提供让孩子和其他同伴交往的条件，让孩子在交往中获得丰富的经验，得到社交锻炼。这样，孩子自然而然就能减少胆怯的心理，自然和集体打成一片。这样也有助于孩子三观的养成。

正所谓，"近朱者赤，近墨者黑"。孩子每天与父母相处，所以其三观自然而然也会受到父母的影响。在这里我要提醒各位父母的是：孩子三

关的确认与建设，不是靠讲大道理讲出来的，而是靠父母的言行举止熏陶出来的。所以，父母和孩子在日常生活中的一言一行，都是在帮助孩子确认、建设三观的过程。

4. 换位思考，帮助孩子打造"三三圈"

美国心理学家研究发现，孩子在3岁的时候就开始形成领导型人物、跟随型人物和边缘型人物的性格。领导型人物能够创造性地把事情做对，跟随型人物能够完成老师、家长交给的任务，边缘型人物对什么事情都提不起兴趣。

我相信每个家长都希望自己的孩子成为领导型人物，至少也不要成为边缘型人物。而要让孩子具有更好的创造性，具备更多解决问题的能力，父母就应该给孩子良好的后天培养，帮助孩子打造属于自己的"三三圈"。

"三三圈"指的是环境圈、关系圈和体验圈。接下来我将为大家介绍，打造不同的"圈子"将会给你的孩子带来什么不同的惊喜"礼物"。

关键"圈子"一：环境圈

一个人生活在什么样的环境里，他就有可能成为什么样的人。所以我说，人是环境的产物。我是一个做家庭教育的老师，所以，我的工作环境和生活环境中，出现最多的就是从事家庭关系、亲子教育等方面的专业人士。比如，我的老师就是《男人来自火星，女人来自金星》的作者约翰·格雷博士。因为有了这样的启蒙老师，所以我才能成为今天的我。

作为父母你能给孩子创造什么样的环境圈，你的孩子将来就会成为什么样的人。一般来讲，孩子分为三种类型：一种是破坏环境型的，另一种是跟随环境型的,还有一种是创造环境型的。

破坏环境型的孩子,走到哪,就破坏到哪,他们不懂礼貌,不讲规矩,很容易招人讨厌,我们也可以把这种孩子叫作"熊孩子";跟随环境型的孩子,进入什么样的环境,就会成为什么样的人,这样的孩子适应能力特别强;创造环境型的孩子,拥有更大的创造力,他能够创造属于自己的环境。

如果你想让自己的孩子成为环境的创造者,你就要让孩子进到一个有利于他成长的圈子。比如,你的孩子要去学芭蕾,或者要去学打网球,你至少要在孩子的关系圈子中找到三个小伙伴和他一起学。因为,几个小伙伴之间会互相鼓励,同时也会互相竞争。在竞争的环境下,孩子不仅会要求进步,同时也能学到合作。所以,从小就要给孩子创造一个竞争的环境,让孩子在竞争中,不断开发自己的创造力。

在此我要特别提醒各位父母的是:如果你的孩子是破坏环境型的,一定要在6～10岁这个阶段让他养成规范的行为习惯。而对于跟随环境型的孩子,父母一定要进行良好的引导,不然孩子很可能会被坏人或者不良的事物所影响。

关键"圈子"二:关系圈

一个人的关系圈,往往就代表这个人的实力。如果你有"关系"的话,很多事情可能就没关系。但是,如果没"关系"的话,一点点事,都有关系。简单来说,你的实力决定了你跟多强大的人建立关系,这个道理在孩子身上同样适用。所以,父母应该帮助孩子建立师生关系,建立朋友关系,建立家族关系。

（1）师生关系

老师对孩子的影响是非常深远的，有时候，父母说十句话，不如老师说一句话。有些孩子可能就因为跟某个老师关系处得特别好，或者喜欢某个学科的老师，那科的成绩就特别好。所以，做父母的一定要帮助孩子和老师建立良好的关系。跟老师建立关系很简单，一顿饭，一个小礼物，一张小卡片，一个拥抱，一张电影票。记住一点，一定要准备一些小礼物，经常跟老师建立关系，以备不时之需。

一般来讲，老师分为两种：一种是体制内的，比如语文、数学、英语、地理老师；另一种是体制外的老师，体制外的老师包括钢琴辅导老师，芭蕾舞辅导老师、瑜伽辅导老师，还有导师。无论哪一种老师，父母都应该努力帮助孩子打好关系。

（2）朋友关系

做父母的应该关注孩子的朋友圈，同时帮助孩子经营朋友圈。其实，很多家长都希望了解自己的孩子交了什么样的朋友，但是，却苦于没有渠道去了解这些信息。在此我给做父母的提供一个小方法，那就是在家里给孩子办个聚会，尤其是6岁以上的孩子，一定要邀请他的朋友到家里面来玩。如果条件允许的话，不仅要招待孩子的小伙伴们吃、喝、玩、乐，最好在孩子的朋友离开的时候送一些小礼物。

为孩子经营他的朋友圈，可以帮助他吸引更多人和他做朋友，让他感受被更多人喜爱的幸福感，同时还能帮助他成为创造环境的人。

（3）家族关系

有一句话叫作"国家兴亡，匹夫有责"。一个家族的兴旺与否，每个家族成员都责无旁贷。所以，一个家族的家风、家训、家规都是非常重要的。

在每个家族当中，孩子都会有一个崇拜的偶像。比如，我小时候，就非常喜欢自己的小舅，很多事情我的父母让我去做，我未必会去做。但是，如果我小舅让我去做，我就很开心地去做。所以，做父母的一定要找到孩子喜欢或者崇拜的家族成员，让他帮助你们引导孩子成为更好的自己。

关键"圈子"三：体验圈

对于孩子来说，从小体验过什么样的生活，很可能就决定着他未来可以过什么样的生活。所以，做父母的在孩子小的时候，就要为他建立体验圈。如果家里条件允许，一年至少要带孩子出去旅行三次：一次省内，比如周边游；一次省外游，坐高铁、坐飞机，让孩子了解更多没有体验过的事物；第三次最好能带孩子到外国去体验这个美好的世界。

对所有父母来说，孩子就是自己最好的作品，所以，设计什么都不如设计孩子的人生经历。父母就应该为孩子安排最好的生活，让孩子不断体验生活的乐趣。所以，从现在开始，每年带着孩子，到省外或者国外去旅行，不要一个家庭去，最好可以和朋友或者亲戚一起去，三个家庭最好，让孩子跟孩子一起玩，大人跟大人一起玩。记住：外出旅行让孩子观世界，孩子才会形成世界观。

5. 有效陪伴，这是给孩子最好的告白

如果你问一对父母：你们爱孩子吗？他们肯定会告诉你：爱！但是，如果你问他们有时间陪孩子吗？他们可能就没有这么肯定了。如今，在大城市里，因为父母忙碌而造成"隐形失陪"或"半失陪"的孩子数不胜数。而父母这种长期无法给孩子有效陪伴的行为，恰恰是对孩子童年最大的伤害。

孩子之所以如此需要父母的陪伴，只因为父母给予孩子的爱与守护是其他人无法替代的。只有当父母乐于陪伴孩子，并且善于陪伴孩子，孩子才能在安全感和满足感下健康快乐地成长。

据某专业机构在一所小学开展的问卷调查显示，小学生最希望父母做什么？是买漂亮衣服，吃大餐，还是买各种新奇玩具？结果以上答案都不是，小朋友们最希望的是"爸爸妈妈能花更多时间来陪伴我，关心我"。所以，你看在孩子心中，只要能和自己的父母在一起，无论做什么他们都会感到很满足。

夜晚，一位父亲拖着疲惫的身躯下班回到家里，发现5岁的儿子还没睡，正在等他。

"爸爸，我可以问你一个问题吗？"儿子说。

"什么问题？"父亲有点不耐烦。

"你一小时可以赚多少钱？"儿子问。

"这与你无关，为什么要问这个问题？"父亲有点生气。

"我只是想知道，请告诉我，你一小时赚多少钱？"孩子不放弃。

"假如你一定要知道的话，我一小时赚20美元。"父亲答道。

"哦，"孩子低下头，接着又说，"爸爸，可以借我10美元吗？"

父亲发怒了："如果你只是借钱去买那些无聊的玩具的话，现在就给我回你的房间去，好好想想为什么你这么自私。我每天长时间辛苦地工作着，没时间和你玩小孩子的游戏。"

孩子安静地回到自己的房间并关上门。

过了一会儿，父亲平静了下来，有点后悔自己对孩子太凶了——或许孩子真的想买什么有用的东西。他走进儿子的房间："你睡了吗，孩子？"

"还没有，爸爸，我还醒着。"小孩回答。

"我刚才的语气太重了，"父亲说，"这是你要的10美元。"他边说边把钱递给了孩子。

"太好了！爸爸，谢谢你！"小男孩欢快地从枕头底下拿出一些零碎的钞票来，慢慢地数着。父亲疑惑地问："你不是已经有钱了吗？为什么还要？"

"因为这之前还不够，但现在足够了。"小孩回答，把手里的所有钞票连同父亲刚给的10美元一起递给父亲，"爸爸，现在我有20美元了，我可以向你买一个小时的时间吗？明天请你早一点回家，我想和你一起吃晚餐。"

教育篇
破解教育密码,送给孩子一份受用终身的礼物

我在看到这个故事的时候,心里有很多感慨。因为,我看到身边很多父母不是没有时间陪伴孩子,就是不懂得如何有效地陪伴孩子。有些父母觉得自己要工作,要给孩子更好的物质生活,没有时间陪孩子也情有可原;有些父母则觉得守在孩子身边,就是有效的陪伴。可事实上,没有时间陪,又或者没有有效陪伴孩子,都会在孩子的成长道路上投下可怕的阴影。据调查显示,缺少父母有效陪伴的孩子,成年后可能会面临缺乏安全感、人际关系紧张、冷漠、幸福感低等问题。

有一次,我在星巴克喝咖啡,一对母子出现在我的视线里。这位母亲一边喝咖啡,一边在手机上购物买东西。在一边写作业的孩子,看到妈妈一直玩手机,就问他的妈妈:"妈妈,手机好玩吗?"这位妈妈看都没看孩子就说"不怎么好玩"。孩子又开始继续写作业,过了一会儿,他又问:"妈妈,手机好玩吗?"这位执着的母亲依然坚称:"不怎么好玩。"

我在旁边看到这一幕,立刻对这个孩子产生了无比的同情。一位嘴上说着手机不怎么好玩的母亲,眼睛却一刻也不愿意离开手机屏幕。她的孩子只能可怜巴巴地看着自己的母亲,不知如何才能进入母亲的世界。其实,这位母亲的陪伴形同虚设。

孩子的童年是非常短暂的,孩子希望父母陪在身边的时间也是有限的。作为父母难道不应该抓住有限的时间,给孩子无限的爱,给孩子有效的陪伴吗?陪伴孩子是父母给孩子最长情的告白,只有当你用心陪在孩子身边,孩子才拥有感受爱的力量。

在奥巴马第一次竞选总统期间,让他感到非常自豪的事情就是。在长达21个月的选战中,他没有错过一次孩子的家长会。而奥巴马的妻子米歇尔在谈到丈夫时也表示:奥巴马每晚都要和女儿一起吃晚餐,耐心回答她们的问题,为她们在学校交朋友的事情出谋划策。看到这里,那些每天嚷着没有时间陪孩子的父亲是不是应该反思,难道你比奥巴马还忙吗?

父亲在孩子成长的路上扮演着非常重要的角色,所以,负责任的好父亲一定要拿出时间多陪伴孩子。比如说,孩子要进行汇报演出,又或者孩子的家长会,父亲都应该尽量到场给孩子支持鼓励,让孩子感受父爱的力量。

如果你是一位工作非常忙碌的父亲,那我可以传授你一个陪伴孩子的方法,这个方法叫作"1大于24"。简单来讲就是:1小时专心陪伴的质量,远远高于24小时心不在焉地陪在孩子身边。给孩子有效陪伴1小时,无论你是每天回家,还是一个星期回一次家,你都要保证和孩子在一起的时间,必须在1小时以上。因为,凡是低于1小时的陪伴都是无效的陪伴。

父母和孩子的缘分只有一次,无论这辈子你和孩子相处多久,请你好好珍惜陪伴他的每一分每一秒。因为,你的陪伴是对孩子最长情的告白!

第六章
成就未来,在孩子的心中种下"Yes,I can"的种子

孩子的心田是一块神奇的土地,父母播种下梦想,便会收获希望;父母播种下快乐,便会收获欢笑;父母播种下好习惯,便会收获好未来……想要成就孩子美好的人生,让孩子活得足够精彩,就从这一刻开始,在孩子心中种下希望的种子吧!

1. 让孩子的人生因梦想而伟大

尼采说:"人因梦想而伟大。"我说:"孩子因梦想而不同。"一个人有了梦想,就有了希望和未来,梦想就是我们不断向前的动力和源泉。对于孩子来说,梦想是想象力,同时也是创造力,一个孩子有了梦想,他的心才有方向。所以,身为父母的我们,一定要守护孩子心中的梦,努力帮孩子实现梦想,让孩子成为更好的自己。

台球"神童"丁俊晖,小时候的偶像是台球皇帝亨得利,他从小的梦想就是有一天能像亨得利一样参加公开赛,成为世界第一。对于丁俊晖的梦想,他的父母选择全力支持。自从发现丁俊晖喜欢打台球后,他的父亲丁文钧就放弃了自己原有的生意,专门开了一家台球馆让丁俊晖练习台球。后来为了更多地接触这个圈子,他们举家搬到东莞。在生活最困难的时候,丁文钧把老家的房子卖了让丁俊晖打球。如今,已经成功实现梦想的丁俊晖,在英国给父母买了一套400平方米的别墅。

1982年,只有3岁的周杰伦在家中会时不时地哼出一些调调。他的妈妈叶惠美觉得自己的儿子一定是个音乐天才,所以,她几乎花光家里所有积蓄,只为给3岁的儿子买一个能匹配他天赋的钢琴。周杰伦的妈妈一个人拉扯他长大,而且,无论生活多么艰难,她始终坚持让周杰伦学习钢琴,

教育篇
破解教育密码，送给孩子一份受用终身的礼物

学习音乐。后来的故事我们都很清楚，周杰伦成为了亚洲音乐天王，而他为了感谢妈妈专门写了一张专辑叫《叶惠美》。

我们都知道，人生要有梦想才会成就更好的事业和生活。但是，我们并不知道，从小就要让孩子拥有伟大与崇高梦想的意义，甚至很多家长都不懂得要鼓励孩子追求梦想的道理。

中国航天第一人杨利伟小的时候就对妈妈说："我有一个飞天梦，我长大要做宇航员。"他的妈妈说："去吧，你一定会成为非常顶尖的中国人。"试想一下，如果你的孩子对你说："妈妈，我想要上天。"你会如何回答？"上什么天啊？作业做完了没有，赶紧去给我做作业去。"又或者："走路都没学好呢，还要上天！"孩子的梦想是需要父母引爆的，只有鼓励孩子勇敢做梦，他才能成为顶尖的人物。相反，抑制、打压孩子的梦想，只会让孩子变得越来越平庸。

范仲淹在八岁那年，就从家里偷出自己的生辰八字给算命先生看，他问算命先生自己能不能成为一名宰相。当时，算命先生看到一个小孩子想当宰相，觉得很可笑，于是，就告诉范仲淹，他此生绝对没有机会当宰相。范仲淹听了这话，伤心地哭了起来。他一边哭，一边又问：自己能不能成为一名医生。算命先生不是很明白，这个小孩刚刚还想当宰相，为什么突然又想当医生。

范仲淹告诉算命先生，他觉得只有两种职业可以救人，一种是宰相，另一种就是医生。算命先生觉得这个孩子小小年纪就想帮助疾苦大众，简直太有志向了。于是，算命先生对他说：你此生，一定大有作为。范仲淹听了这话，才终于露出了开心的笑。而他最后也终于实现了自己的梦想。

每个孩子心中都有一个美好的梦想，而这些梦想需要被尊重、被信任、被支持。父母是孩子最信赖的人，如果你的孩子将自己的梦想告诉你，你却无动于衷或者总是说些否定的话，那么，你很可能给孩子造成很大心理阴影，让孩子不敢做梦，更不敢追梦。所以，当孩子有梦想的时候，请不要打击或否定，而是应该用自己的方式，给孩子创造一个可以勇敢做梦，并能自由实现梦想的环境。

接下来告诉大家通过哪几个步骤，让孩子因伟大的梦想而与众不同。

步骤一：不要让孩子因为"穷"而不敢做梦

有些父母为了培养孩子勤俭节约的习惯，喜欢在孩子面前"哭穷"，口头禅是："这个太贵，所以不买""家里很穷，所以不买""家里连买菜的钱都没有了""挣钱不容易，爸妈上班很辛苦"……这种毫不顾忌地在孩子面前表现出对金钱的忧虑，会让孩子内心有一种匮乏感，而这种匮乏感会给孩子带来诸多的毛病。因为穷意识背后紧逼家庭的压力占据了孩子大脑的"带宽"，会很直接地吞噬孩子的大脑发展能力，影响孩子的眼界和格局。

历史上很多大贪官都是小时候穷怕了导致的后果。比如，大名鼎鼎的大贪官和珅，虽是将门之后，但幼年丧母，其父做官清廉而又早逝，致使家境十分贫寒，在这样的成长环境下，物质上的渴望一直无法被满足，所以造就了后来疯狂的和珅。

在孩子小的时候，经济上的严格管制，和物质上的无法被满足感，会让孩子在长大以后变得唯利是图，处处以追求金钱为目的，而忘了要获得真正的人生快乐。

我认识一位 IT 行业的工程师，他的父母按照"穷养"的方式培养他，从小就对他实行经济上的严格控制。在他长大以后就特别渴望赚钱，但特别不舍得花钱。他现在 30 多岁，月入四五万元，却不舍得给自己买件超过 100 块钱的衣服，不舍得花钱去旅游，不舍得给父母换套好点的房子……生活品质奇差，且对未来的规划毫无魄力，因为他不会花钱，只懂存钱。

还有一个人，他也是被父母以"穷养"的方式养大的，在 2006 年时，做了点小生意的他手中有 60 万元的存款。当时，在深圳首付只要 8 万元，就能买到一套 100 平方米的房子。很多人劝他买一套。可是，他就是没勇气从那 60 万元的存款中拿出 8 万元来获得自己的房子，而如今哪怕把 60 万元都拿出来，也不够那套房的首付。

看了这两个在"贫穷"思维下教育出来的孩子，身为父母的你们应该已经意识到给孩子灌输"穷"的概念，并不利于孩子健康快乐地成长。那么，作为家长应该如何和孩子谈钱呢？

首先，不要告诉孩子：这个商品很贵，我们买不起。要告诉孩子：我们每个月都有预算，这件商品现在已经超过本月的预算了，所以我们只能下次再买。要告诉孩子：这个商品有比较复杂的性能，适合更大一点的孩子玩，所以等你再长大一点，我们就可以买这个商品。

其次，要给孩子零花钱，让孩子知道金钱的价值和意义。定期给孩子零花钱。规定好零花钱的应用范围。当孩子想要什么的时候，提醒孩子用自己的零花钱去买。引导孩子建立正确的理财观，合理理财。

步骤二：给孩子的梦想提供全力的支持

父母对孩子梦想的支持，一般包括物质上的和精神上的两种。物质上包括购买一些工具，或者让他们接受系统的专业训练。当然，更重要的是精神上的支持，每个孩子都希望获得鼓励，当他们有梦想时，父母应该站在身边给他赞许与表扬，让他可以自信、大胆地放飞梦想。

在"Yes, I can"的课堂上曾有一个男孩，在没接触我们的课程之前，他的成绩已经非常好，考试一般都是全班第一名。但是，这个男孩非常不懂事，既不尊敬老师，也不尊重父母。在课堂上，他会问老师一些刁钻的问题，当老师答不出问题时，他就自己作答。所以，在学校里，老师遇到他，都会绕路走。在家里，他对父母也是呼来唤去，一点礼貌都没有。

后来，他的父母利用"利益交换法"，让他答应来我们"Yes, I can"青少年国际课程学习。在"Yes, I can"的学习中，有一个环节是激发孩子内心潜在的伟大梦想。这个孩子的梦想是成为一个像领袖一样伟大的人，成功的领导者，他希望自己可以让中国变得更强大。

后来，我把这个男孩的梦想告诉了他的父母，他的父母觉得他在开玩笑。而我却让他的父母正视孩子的想法，无论如何也要引导和支持他的梦想。因为有了父母的支持，如今这个孩子已经在梦想的道路上前进了。

在"Yes, I can"的课堂上，还有一个孩子，他曾经是个"网瘾少年"，在来我们这里学习之前，他曾经在网吧连续待了17天。后来，在我们的帮助下，他说自己的梦想是考进最好的学校。当时，几乎没有人相信他能做到。可是，我们选择相信他、支持他，结果他真的实现了自己的梦想。

步骤三：梦想的核心是培养孩子的兴趣

0～6岁是孩子的启蒙阶段，6～10岁是孩子成长的黄金教育期。所以，在孩子6～10岁时要帮孩子找到兴趣爱好所在。因为，兴趣是孩子最好的老师。家长应该尽早发现孩子的兴趣所在，并做出自己的分析，进而进行定向的培养。好的兴趣如果能得到父母的引导，就会成为帮助孩子身心发展的梦想。

发现孩子的兴趣，首先要接受孩子，尊重孩子，观察孩子。在孩子兴趣的基础上，帮助孩子开阔视野，对孩子的兴趣加以引导。让孩子尽可能地体验到成功的喜悦，是巩固兴趣的最好办法。其实，如果孩子能长时间全身心地投入到某一件事情中，正是其心智充分发展的契机。由此而形成的专注力，才是其今后成功的重要基础。

2. 目标管理，父母要有所引导

美国哲学家爱默生说："一心向着自己的目标前进的人，整个世界都给他让路。"当一个孩子有了目标，并知道如何管理目标，如何达成目标之后，他就知道要去哪里，去追求些什么。所以，如果你想自己的孩子拥有一个成功的人生，一个美好的前途，那么，从现在开始让孩子学会目标管理。

著名心理学家班杜拉与合作者曾做了一个实验。他们让一群7～10岁的孩子参加了一个特色课程。这个课程需要孩子上7节课，总共需要做42页的算术练习题。这群孩子被随机分为三组。

近期目标组：他们每天都有一个目标——每节课结束后都至少做6页的练习题。

远期目标组：7节课都结束后完成42页的题目。

无目标组：只上课，不进行任何目标设置。

7节课结束以后，研究者对这三组学生统一进行测试。结果发现，近期目标组的学生成绩最好，他们学得更好、更快，面对难题时，他们坚持得也更为持久。远期目标组和无目标组成绩差不多。研究者分析其中的原因认为，近期目标组的学生之所以成绩最好，是因为他们每天都可以实现

教育篇
破解教育密码，送给孩子一份受用终身的礼物

自己的目标，目标的实现会逐渐增强他们的自信心和自我效能感。

这个研究很明显地说明了这样一个道理：目标对孩子来说非常重要。

在孩子小的时候，父母总是会问："你长大后想干什么？""我长大了要当医生""我要当科学家"……孩子响亮的宣言，总是会博得父母的欢笑与夸奖。但是，对于孩子的梦想，却很少有父母能把它当作一个目标，引导孩子进行目标管理，帮助孩子在未来实现目标。

在"Yes, I can"的课堂上，有一个女孩，她在五六年级的时候，迷上了网络游戏，结果成绩一落千丈。后来，在家长的严厉督促下，她用了半年时间才把成绩提高上去，最后，她考入了当地最好的中学。但遗憾的是，在初一时，她又开始玩网络游戏，而她的成绩也开始变为全班最低。

这个女孩的妈妈在听了我的课程之后，义无反顾地把她送到"Yes, I can"来学习。在"Yes, I can"里大部分学员都是超级学霸，所以，在这种环境下，这个女孩电脑也不玩了，成绩也上去了。她在"Yes, I can"给自己定下了新的目标。

可是，当女孩带着这个目标回去给父母看的时候，她的父母反应却很冷淡。没有鼓励她实现目标，更没有和她一起规划如何实现目标。女孩很伤心，她觉得父母在敷衍自己。所以后来，女孩的情绪变得越来越坏，她经常向父母发脾气。

有一次，女孩的爸爸出差回来，看到女儿和自己的太太在吵架，当时女孩用了最恶毒的语言攻击自己的母亲。结果，这位父亲一怒之下，打了女孩一个巴掌。被打的女孩拿起手机冲出了家门。那一天，天空中飘着蒙蒙细雨，女孩在雨中打了三个电话。这三个电话成为女孩生命的拐点，彻底改变了她的命运。

女孩的第一通电话，打给了自己的同学，女孩对同学说：自己被爸爸打了，想要离家出走。同学听了她的话，让女孩到自己家来。她可以管女孩的吃、住，她的父母不会反对。结果，女孩觉得寄人篱下不好，所以，她没有选择去这个同学家里。

女孩的第二通电话，打给了另一个同学，这位同学一听说女孩要离家出走，立刻要求女孩带她一起走。女孩担心连累同学，于是，拒绝了对方。

女孩的第三通电话打给了在"Yes,I can"认识的朋友，这位朋友在知道女孩要离家出走的决定后，就问事情的起因。结果，当她知道女孩对妈妈说了那样的话之后，不仅没有安慰女孩，反而说她爸爸做得对。后来，这位朋友让女孩赶紧回家，不然就和她绝交。

女孩听了朋友的话，也为自己的行为感到后悔，但是，她又觉得自己这样灰溜溜地回去太没面子了。于是，她就在家门口溜达。后来，女孩的父亲在人群中发现了她。就这样，一个一米八的大男人，冲到女儿面前，向她认错道歉。

后来，这个女孩暗暗发誓，再也不让父母为她操心，而她的父母也学会了尊重女儿，正视女儿的目标，帮助女孩成长为一个更好的自己。而现在，这个女孩已经考上清华大学，实现了自己的目标。

目标是一种召唤力，一种吸引力，一个孩子一旦有了明确的目标后，他才具有克服各种困难的动力。清晰的目标，明确的目标管理，可以帮助

教育篇
破解教育密码，送给孩子一份受用终身的礼物

孩子战胜各种诱惑，让孩子主动离开电脑，主动离开电子游戏。那么，如何才能让自己孩子学会目标管理，成为一个达成目标的成功者呢？

首先，从小目标开始。

每个孩子都有自己的梦想：科学家、消防员、老师、作家……虽然有些梦想看上去幼稚荒诞，但家长们应该悉心地发掘孩子的兴趣爱好，帮助孩子一步步地实现目标，让孩子的梦想照进现实。

孩子的目标往往很模糊，例如"我要做世界上最好的运动员"，那么，怎样才算世界上最好的运动员呢？他跳得多高，跑得多快？……通过一个个问题，将大而缥缈的目标勾勒成具体而形象的指标，然后再去具体实现。

我们都知道"东兴饭局"，参加这个饭局的人包括腾讯的马化腾、京东的刘强东、美团的王兴、小米的雷军、58同城的姚劲波，等等，这些人都接受过非常好的大学教育，他们中最差的也是大学本科生。所以你看，知识就是未来社会的生产力。而他们也是孩子的榜样，是孩子要实现的大目标，小目标就是孩子目前参加的每一次考试。父母教育孩子，要让他有大梦想，同时还要坚持实现小目标。

其次，实现小目标必须庆祝。

当孩子实现一个小目标之后，一定要给他一定的奖励，为他庆祝。小目标庆祝法是让孩子有获得感，所以，当孩子达成自己的目标成绩，或者孩子赢得某个奖项时，一定要给孩子一定的奖励。奖励可以是你亲自下厨，给孩子做他喜欢吃的饭菜，也可以是外出庆祝。

目标是一个人期望未来能达到的状态，目标是对一个人生活目的的说明和界定，我们每天的生活都离不开目标。小到琐碎的生活，大到人生，都不能没有目标。可以说，我们的人生轨迹就是由一个又一个目标组成的。所以，为了让孩子的人生更加顺畅，做父母的一定要在孩子小时候，让他学会目标管理，让他明白目标达成对他人生的重大意义。

3. 自信，让孩子的内心更强大

一位哲人曾经说过："谁拥有自信，谁就成功了一半。"自信是孩子成长中的精神核心，是促进孩子充满信心面对困难，努力完成自己目标的动力。果敢是一种果断的勇气，在所有困难面前，只要你的孩子足够果敢，那么，他就有勇气去面对一切问题，解决一切问题。

生活从来就不会一帆风顺，每个人都会经历困难与痛苦，在孩子成长的过程中，他们也会遇到各种难题，当问题摆在孩子面前时，如果你的孩子没有自信或者不够果敢，那他永远无法克服困难，永远也学不会成长。

我曾遇到过一些孩子，他们乖巧、腼腆、不善言辞，每每遇到问题，他们就会躲在父母身后，做出一副羞涩的样子。很多父母觉得小孩子就是这样，没什么问题。可是，我想说，在孩子成长的路上，如果他遇到问题只会退缩、怯懦，而不是勇敢、自信地直面困难，那么，他将来的人生将很难实现大的突破。

有一个小男孩，在马路上和同伴踢足球，一不小心就把路边一户人家的玻璃打碎了。户主怒气冲冲地问："这是谁干的？"男孩愧疚地承认错误，请求原谅。可是户主坚持要求男孩赔偿20美元。男孩哪有那么多钱！

自知闯了大祸的男孩哭了，只好回家向父亲求助。父亲没有大发雷霆，也没有跟着男孩去户主家赔偿,而是借给男孩20美元,并与男孩约定一年后还清。

此后,男孩一边读书一边利用课余时间辛勤打工挣钱。他在街头擦过皮鞋、早起去送报纸,还到餐厅里洗盘子……一年后他终于挣到了20美元,自豪地交到父亲手上。父亲欣喜地对他说:"能为自己过失负责的人,将来一定会有出息的。"

果然,这个男孩长大后成为美国政坛上的风云人物——曾连任美国两届总统的里根。

当孩子面对问题与困难时,教会他果断勇敢地承担后果,不仅能培养他自信的性格,同时还能让他养成面对问题、解决问题的好习惯。事实上,一个人想要成功,就要拥有坚决果断、自信勇敢的个性。那么,做父母的应该如何培养孩子自信勇敢的性格呢?

首先,在孩子6~10岁期间,帮助孩子克服拖拉习惯,让孩子学会表达,培养孩子的自信心。

在"Yes, I can",我们会针对6~10岁的孩子,进行克服拖拉、学会表达、培养专注的专项训练。

克服孩子拖拉的习惯,先从培养孩子乖乖起床开始。很多家长觉得早上是一天中压力最大的时候,时间最仓促,不断地重复提醒,而孩子却磨蹭得要命。家长的反应就是唠叨和催促,大叫"快快快",这样开始一天对任何人来说都太恐怖了。其实,你可以给孩子设置一个闹钟,让他养成自己管理时间的习惯。

教育篇
破解教育密码，送给孩子一份受用终身的礼物

培养孩子的表达力，父母可以选择跟孩子一起阅读一本书，通过书上的情节，让孩子领会语言的真实含义。并且，通过日常交流加深这些书籍里面的词汇理解，最终让孩子的表达和理解能力提高。

专注力也是我们通常提到的注意力的稳定性，对孩子而言，是指他们能把视觉、听觉、触觉等感官以及心理活动集中在某一事物上，并且持续一段时间不受外界干扰的能力。持续的时间越长，专注力越高。那么父母怎么做才能让孩子的专注力多一些呢？我给家长们几点建议，比如：当孩子专心做一件事情时，父母要减少打扰；或者当孩子独立思考时，父母可以延迟或减少帮助；等等。

其次，在"Yes,I can"，我们会针对 10～18 岁的孩子，培养他们的世界观。

对于年满 18 周岁的孩子，我们会为他们定制私人礼物，为他们办一个盛大的成人礼，在这个成人礼过程中，很多孩子开始为自己的父母洗脚、敬茶，他们像成年人一样和父母交流。此外，针对 10～18 岁的学生，我们会让他们当辅导员，体验当父母的滋味，让他们真正懂得"可怜天下父母心"的感觉。在这个过程中，孩子会懂得什么是承担责任，什么是勇敢面对问题。

最后，在"Yes,I can"，我们的"混班教育"模式是目前最先进的教育模式，小班 6～10 岁的孩子，大班 10～18 岁的孩子一起学习，可以提供给孩子的三种能力：第一种，领导力；第二种，执行力；第三种，创造力。

4. 高效的学习方法成就好成绩

学生时代，学业第一，学习是孩子成长阶段最重要的任务，孩子的学习成绩虽然不是衡量他好坏的唯一标准，但是一个孩子的学习成绩却往往能在一定程度上决定他未来命运的走向。所以，父母最常叮嘱孩子的话就是"好好学习，天天向上"。

在"Yes,I can"的课堂上，有60%以上的孩子都是超级学霸。而且，他们不仅在课堂上能取得非常夺目的好成绩，在课堂外，他们同样非常优秀。那么，是什么让他们如此轻松地赢得人人羡慕的好成绩呢？答案就是他们"高效学习"的能力。

在"Yes,I can"课堂上，有一个女孩，她的家里有五个孩子，她的父母都是从事业务销售工作的。最开始是女孩的母亲来上我的课，后来，这对收入并不多的父母，决定让他们的学霸女儿也来上我的课。

很多人可能会想，为什么学霸还要参加培训学习呢？这是因为，即使学习成绩很好的孩子，也需要有人来引爆他的梦想，也需要有人引导他发现自己的天才领域。

在这个女孩加入"Yes,I can"之后，我发现她的物理成绩非常好。她只学了半年物理课的时候，就已经可以代替物理老师上课了。有一次，

教育篇
破解教育密码，送给孩子一份受用终身的礼物

物理老师生病，这个女孩很淡定地表示，自己可以给大家来上这堂物理课。结果，她一讲，全班同学都听懂了。即使那些平时不爱上课的学生，也能理解她在讲什么。后来，这个女孩每星期都为同学讲两堂物理课。

在培训中，女孩告诉我，她的目标是成为一名物理学家。经过我细心地观察，我觉得这个女孩很有领导气质，所以，我建议她向政界领袖和商家领袖的方向发展。后来，女孩听了我的意见，决心要做一个成功的商业领袖。

一直以来，这个女孩都有着无限的求知欲望，所以，她的学习计划从周一排到周日，每一天都满满的，根本没有放松的时间。我觉得女孩很辛苦，所以，我要求她更改学习计划。女孩对我说："陈老师，你改我的学习计划可以，但是，你得教我如何超越学校里面的第一名。"

女孩口中的第一名，同样也是我的学生，这位同学的母亲是北京大学的英语老师，而她的女儿也没有辜负自己的母亲，始终保持全校第一的学习成绩。所以，要达到这个目标，我知道有一定的困难。

为了让女孩能有一些自由活动的时间，我要求她每个周末都拿出两个半天时间来做自己喜欢做的事情。我告诉她："你可以拿出半天时间来运动，因为，你需要运动，我觉得你的能量不够，你妈妈说你小时候打过乒乓球，你可以重新开始练习，然后再打打羽毛球，或者去游泳，因为我们所有的能量聚集都是为了更好地释放。"后来，这个女孩非常不情愿地按照我的计划来安排周末，她抽时间来锻炼身体，就这样过了一个学期之后，她的成绩反而有所进步。后来，女孩再见到我时，非常开心地告诉我，她会继续坚持的。最后，在一次月考中，女孩终于超越了那个一直保持第一的同学。当女孩达成愿望之后，她开心得简直要哭了。

女孩的经历告诉我们,高效学习绝对不是死读书,而是要巧妙地学习。比如,每周至少给孩子半天私人时间。在此我要提醒大家,孩子越小,周末越要抽出时间来给孩子自己。比如说,你可以拿出半天时间,带着孩子去外面玩,或者带他去吃好吃的。记住,如果你有时间,每个周末都要带孩子到户外活动,你可以陪他骑车锻炼,也可以陪他到公园散步,总之一定要从自己的房间走出来。

在课堂上,我们会教给孩子16种高效学习的方法,这些内容是要孩子来掌握的,所以,在此就不向父母做过多的介绍。但是,我要提醒各位父母,在孩子学习的过程中,你一定要全力地配合孩子,帮助他养成高效学习的好习惯。

5. 好未来，从好习惯开始

著名教育家叶圣陶先生说："教育就是培养习惯。"当一个孩子养成好的习惯后，他的行为就会具有自觉性，而这种自知自觉的行为会内化为一种根深蒂固的高尚品质，这种品质会贯穿他的一生。有了这种品质，无论是做人、做事，还是社会交往，他都能以最得体的方式来处理，同时赢得所有人的尊重与喜爱。

在教育孩子的时候，很多父母会感到无奈，因为，他们不知道为什么自己的孩子会这么不懂事，又或者他们不知道为什么自己的孩子总爱说谎……其实，孩子之所以会出现这些问题，主要是因为父母没有从小引导孩子养成好的习惯。好习惯能够给孩子指明成功之路，而坏习惯只会成为孩子成长路上的绊脚石。但是，好习惯并不是天生的，是需要父母对孩子进行后天引导的。

引导孩子养成好的习惯，要从培养孩子的"微习惯"开始。前面我们讲过，"微习惯"就是很小的习惯。它小到人们在内心不会对它产生反感。在普通习惯与"微习惯"之间，微习惯更容易完成，并且不会让孩子产生抵触情绪。

我们可以试想一下：如果你在一开始就让孩子去完成一项非常艰难的任务，孩子的内心是不是会非常抗拒？但是，如果你要培养孩子的"微习惯"

情况是不是就会大不相同了呢？即使有一天孩子的内心开始犹豫，要不要继续坚持，因为简单易行，并不会给他带来很多困扰，孩子还是会选择继续。经过一段时间之后，你会发现孩子意志力有所提升，孩子的好习惯也已经慢慢养成。

史蒂芬·盖斯在《微习惯》这本书里说："坏习惯有多可怕，好习惯就有多神奇。"我相信所有父母都希望好的习惯在自己孩子身上发挥神奇的力量，让自己的孩子更优秀，让孩子的未来更光明。那么，接下来我将以朗读为例，教大家如何从"微习惯"开始，在孩子身上种下好习惯的种子。

一般来讲，培养孩子朗读的"微习惯"分为以下七个步骤。

步骤一：选择一本适合孩子的习惯，并且适合孩子阅读的书。每天陪孩子一起朗读一页，不会耗费孩子意志力地去完成。

步骤二：挖掘这个"微习惯"的内在价值。你在陪孩子朗读的时候给孩子一定的鼓励，让孩子知道朗读这件事，可以让他变得更好，变得更棒，收获更多支持与鼓励。

步骤三：明确习惯依据，将其纳入日程，不用固定时间。只要将习惯动作纳入到孩子和你的日常安排之中，做好规划，唯一要确保的是能够每天坚持完成。

步骤四：建立回报机制，以奖励提升成就感。每天完成后，可以给孩子一个大大的拥抱或者亲亲孩子，这样可以刺激孩子大脑形成惯性回路，推动其尽早养成习惯。

步骤五：记录与追踪完成情况。挂一块白板放在家里比较醒目的地方，可以按月来记录，或者准备好小贴纸。每完成一个后，让孩子贴上小贴纸

（或者搜索一个叫"微习惯"的APP）。因为习惯的养成是个长期的过程，需要不断地监控和调整。

步骤六：服从计划安排，摆脱高期待值。一步一步，踏踏实实地完成每天读一页书，不要刚开始就让孩子读很多，让他误以为以后会一直读很多，那样不利于坚持。

也许你会漏了一天，从生理学角度看，漏掉一天也不会耽误习惯的养成，一天成就不了这个过程，也毁灭不了这个过程；但从心理学角度看，这可能会带来问题。如果真漏掉一天，请记住，一定要坚持下去，一天都不要偷懒，因为坚持才能防止你受到打击并前功尽弃。

步骤七：留意养成习惯的标准。如果孩子不再担心每天是否能朗读一页书，而且他对朗读这件事也没有任何抵触情绪，那恭喜你，这项"微习惯"已经润物细无声地融入到孩子和你的习惯中，你们会因为一天没朗读而觉得少了点什么。

培养孩子的好习惯并不是一件简单的事情，它需要父母极大的细心与耐心。但是，一旦父母帮助孩子培养出好的习惯，那么，这些好的习惯将成为孩子受益终身的"财富"。在此，我要提醒每位家长，一定要在孩子0～6岁期间引导他们养成以下几种好习惯。

好习惯一：有礼貌

礼貌是人际关系的桥梁，俗话说："礼多人不怪。"只要有礼貌，一切都好办！而有礼貌的习惯更常见于日常生活之中，比如会问早道好、见到亲友能主动打招呼，或是将"请""谢谢""对不起"时常挂在嘴边。

好习惯二：尊重别人

尊重别人包含许多内容，比如自己完成事情、不带给他人麻烦、接纳别人和轮流等待，而有礼貌的好习惯也是尊重。对孩子来说，尊重是一个比较抽象的概念，因此，父母更应该协助孩子从生活中的小事做起，让孩子成为懂得尊重别人的小天使。

好习惯三：整洁卫生

良好的卫生习惯不仅和健康有关系，更会影响到外观的整洁，甚至是人际关系的发展。如果孩子整天脏兮兮的，估计他在学校里也不会找到同学、朋友一起玩。

好习惯四：经常运动的习惯

经常运动的人，一天、两天、一个月都看不出什么不同，但是一年、十年就大为不同，无论是身体健康情况、皮肤、身材都能够保持年轻的状态。运动还有利于骨骼的生长，据调查显示，经常运动的孩子的平均身高普遍高于不运动的孩子。

好习惯五：每天阅读的习惯

阅读可以增长知识，提升一个人的修养，足不出户便知天下事。当然不是为了学习考试而读书，而是把读书当作一种爱好，一种享受。"书籍是人类进步的阶梯"，很多家长抱怨说"我的孩子不爱阅读"，自己却从来不碰书，不读书。没有一个好的读书环境和读书氛围，孩子是很难爱上阅读的。

好习惯六：善于思考

善于思考的习惯在人的一生中占据着十分重要的位置。如果孩子拥有独立思考的能力，就会善于发现问题，能够通过思考、分析找到答案，才会取得好的学习成绩。而孩子长大后，因为有独立思考的习惯和品质，他的视角会比别人宽广，思维也会更加缜密。因此，具有独立思考能力的人，将比其他人有更多的机遇，更容易拥有成功的生活和事业。

6. 坚持信念的力量，让孩子更勇敢

古语有云："锲而舍之，朽木不折；锲而不舍，金石可镂。"这句话让我们看到了坚持的重要性。一个人如果不懂坚持，那么，在挫折与困难面前，他只能一败涂地。一个孩子如果没有坚持的信念，那么，当遇到问题、遭遇失败时，他只会选择放弃。放弃就意味着失败，只有坚持才能让孩子勇敢地冲向未来，赢得属于自己的辉煌成就。

伟大的哲学家苏格拉底在教授学生时，给他们布置了一道作业，他让学生们每天坚持甩手一百下。一个星期后，苏格拉底问有多少人坚持做到了，百分之九十的人都坚持做了。一个月后，苏格拉底又问，谁还在坚持，此时，只有一半人坚持了下来。一年之后，苏格拉底再问，只有一个人依然坚持着，这个人的名字叫柏拉图。

一个人是成功，还是失败，有时候就在于坚持二字。我们都知道爱迪生是电灯的发明者，但是，我们不知道的是，其实很多科学家都在这一领域投入了大量的研究，但是，只有爱迪生通过不懈的坚持取得了最后的成功。法国微生物学家巴斯德也曾说过："告诉你让我达到目标的奥秘吧，我唯一的力量就是我的坚持精神。"

教育篇
破解教育密码，送给孩子一份受用终身的礼物

智慧的父母会把培养孩子拥有坚持不懈的精神作为一项重要的功课来进行。因为，有恒心、有毅力，拥有坚持信念的孩子才能在摔倒之后，勇敢地站起来继续前行。

在"Yes, I can"的课堂上有一个男孩，他的父亲和母亲一起创业非常不容易。但是，因为父亲年纪比母亲大很多，所以，自从男孩出生之后，父亲和男孩的沟通一直不太顺畅。

有一次，这位父亲特意坐公交车去接孩子，想和孩子好好亲近一下。可是，在30分钟的路程里，父子两人却一句话都没有。当然，这个男孩除了不愿意和父亲沟通之外，其他一切看起来还不错。

首先，男孩的成绩属于中等偏上，在学习上几乎不用家长太过操心。此外，男孩平时也非常听话，父母让他干什么，他都会乖乖听话去做，而且他平时待人也十分有礼貌。这种男孩看起来非常招人喜爱，但是在我和他接触之后，我却担心他因为没有梦想，而不懂得追求更远大的目标。

后来，在课堂上，我发现男孩能用两根筷子打出快板的节奏，而且嘴里还念念有词。于是，我问他是不是学过快板，男孩告诉我，他只是在电视上看到过。就这样，我发现了男孩身上的音乐天赋。后来，我与男孩的父母沟通，希望他们能让男孩学习音乐。

最开始男孩的妈妈并没有听从我的建议，她觉得男孩应该专注学习，不应该把心思放在音乐上。一般来讲，来上课的孩子，我都会根据他们的天赋和特性，提出我的培养意见。如果家长接受我的意见，孩子就能在适合的领域取得好的成绩；如果家长不接受我的意见，我也会尊重他们的选择。非常幸运，这个男孩的父亲在一个月后找到我，表示愿意让孩子按照

我的规划去学习音乐知识。

在男孩10岁的时候，他就开始练习吉他，同时他还学了播音主持。在男孩学习的过程中，他的父亲一直陪在身边。这位父亲虽然身体不好，腰椎、颈椎都有问题，但是，只要孩子有表演，他都会尽量抽时间陪着孩子。

后来，男孩的吉他弹得非常好之后，他就在"Yes,I can"里组建了自己的乐队。每到寒、暑假，男孩的乐队就会在大街小巷开始义卖义唱，而这位事业小有成就，身家已经过千万元的父亲，就拿着一个钵，帮男孩的乐队收钱。当收到的钱比较少的时候，他就自己偷偷地拿钱出来放进钵里。

男孩的父亲非常伟大，而男孩自己也同样非常了不起。因为，在他学吉他的过程中，中途好几次他都差点因为各种原因放弃。但是，最后男孩还是凭借坚持的信念实现了自己的目标。2016年他考入自己心仪的大学。如今，男孩在学校里已经成立了自己的工作室，发行了自己的专辑。

一个可爱但是却迷茫的男孩，在"Yes,I can"不仅找到了自己的梦想，同时也引爆了一颗坚持的种子。也正是因为有了坚持信念的力量，我们看到他一步步不断向前，一步步成长为最好的自己。

坚持是一种力量，一种引人向上，让人变得更好的力量。但是，随着我们生活条件越来越好，懂得做事情要坚持、要有毅力的孩子却越来越少。很多孩子今天学钢琴，明天不喜欢，坚持不下去了，就又去学跳舞。意志薄弱，不够坚持似乎已经成为当前孩子的普遍问题。坚持不懈是一

种良好的心理品质,这种品质不是与生俱来,而是在教育与实践过程中锻炼和培养起来的。所以,从现在开始,培养孩子坚持不懈的精神品质,让孩子学会勇敢面对问题。接下来,我要告诉你让孩子学会坚持的三个技巧。

技巧一:不要打扰孩子

当孩子专注于某件事时家长不要轻易打扰他。有时候,家长会出于关心,不分时间、场合经常打断正在专心做事的孩子,这也是使他做事不能有始有终的原因之一。孩子的思维活动需要连续性,经常受到干扰,他的心就静不下来,长此以往,孩子的坚持性就无法养成了。因此,当孩子正在专心做事时,家长一定不要打扰他,给他一个沉下心来全心全意做事的氛围。

技巧二:尊重孩子的选择

选择适当的时机让孩子自己选择所面对的问题。有时候家长可以让孩子自己做选择,但是要求他一旦选择好就必须坚持到底,遇到再大的困难也要有信心、有毅力去克服。比如,孩子喜欢的事情很多,如下棋、画画儿、跳舞等,但是做每件事都只有三分钟热度。家长不妨让孩子自己选择最有兴趣的内容来学习,并要求他坚持到底。这样,孩子会一心一意地学习某个内容,其坚持性也会得到加强。

技巧三:让孩子学会承担责任

孩子在一定压力之下利于坚持性格的培养。家长给孩子的任务要难易适中,让他经过一定的努力就能完成,这样他才有自信心和成就感,才会坚持把任务完成,把事情做好。如果任务太多太难,孩子一看完成不了就会产生畏难情绪,甚至放弃。对于一些难度较大的任务,家长可以将其分解成一个个小目标或分步骤让孩子完成。

7. 知恩、感恩、报恩，是孩子一生最需要的品质

感恩是一种美德，一种情感，一种积极的生活态度和生活方式。而报恩是一种行动，一个人心怀感恩之心，他在生活里才能感受到爱与希望，所以，父母应该教育孩子学会感恩，让孩子对他人的付出表示尊重，对他人的帮助心存感激，感恩于心，报恩于行。

贝利是著名的球王，而他所取得的伟大成就与他的感恩之心有着密不可分的联系。在贝利还是孩子的时候，他意外收获了足球教练赠送的足球。为了感谢教练，他在圣诞节那天，跑到教练的花园里为教练的圣诞树挖树坑。其行感动了教练，教练就让贝利进入了他的球队，一代球星从此开始了他的光辉旅途。

我们可以试想一下，如果贝利没有一颗感恩的心，那他的人生会如何发展？所以，拥有感恩的心是我们通往成功之路必要的品质。但是，如果我们只懂当下的感动，却没有真实的行动，感恩就会变成流于表面的作秀。所以，我认为感恩固然重要，但是感动是一时的，行动才是持久的。

如今，越来越多的父母开始培养孩子的感恩之心，但是，教会孩子感

恩并不是让孩子对他人的付出与努力有所感觉，而是让孩子知道要用自己的行动回报对方的付出与努力。

为了让孩子从小明白尊重他人，感谢他人的意义，为让孩子懂得"受人滴水之恩，当涌泉相报"的道理，在课堂上，我们会让孩子读父母写给他们的信。

当现场一两百个孩子坐在地上，当他们打开父母写来的信时，我们的摄像机在孩子脸上捕捉到的表情，很快就从嘻嘻哈哈的笑脸，变得越来越凝重，越来越严肃。渐渐地，大部分孩子都流出了感动的泪水。

有一个男孩，当他看到爸爸在信中写到自己如何在零下8度的冬天，光着脚丫跑去开车，结果不小心被玻璃割伤，最后爸爸忍着痛，把他送到医院的情节时。他一下子觉得父亲简直太伟大了，他立刻就产生了要感谢报答父亲的心。

其实，写信给孩子，告诉孩子你的感受，你和他的故事，是一种非常好的沟通交流方式。但是，很多父母会觉得写信完全没有必要，而且，他们也不知道如何写信给自己的孩子。事实上，写信给孩子并没有我们想象中那么难，而且许多名人都是通过写信来表达自己的爱，同样也让孩子懂得爱与感激之情。其中，脸谱创始人扎克伯格写给女儿的信，就感动了无数父母和孩子。

亲爱的麦克斯：

你的降生给我们带来了莫大的希望，我和你母亲一时找不到合适的词语言说。你有一个美好的新生活，我们希望你健康、快乐，充实地度过一生。

教育篇
破解教育密码，送给孩子一份受用终身的礼物

你的到来已经成为了我们反思的原因，反思什么样的世界才是我们希望你生活的世界。

和天下所有的父母一样，我们希望你成长的世界，好过我们今天的世界。

对你们这一代来说，许多重大机遇将源自让所有人都接触互联网。技术本身不能解决问题。打造一个更好的世界始于打造强大、健康的社区。为了让你们这一代生活在更好的世界，我们这一代能做的事情还有很多。

今天，我和你母亲承诺，用我们毕生的精力，为解决这些挑战尽微薄之力。我们一开始将关注个性化学习、疾病治愈、联通人们并打造强大的社区。为了这一使命，我们将在今后捐出所持脸谱股份的99%——现在价值大约是450亿美元。我们想尽自己的一份力，和很多这样的人携手并进。

我们只能专注于服务这一社区以及这一使命，因为在身边陪伴我们的是有爱的家庭、相互支持的朋友以及了不起的同事。我们希望在你的人生中，也能出现这样深刻且积极的人际关系。

麦克斯，我们爱你，并且把为你和所有孩子留下一个更好的世界当成一个重任。我们希望你的人生中也充满爱、希望与喜悦——就如同你赠与我们的一样。我们已经等不及要看看你会为这个世界带来些什么。

爱你

爸爸和妈妈

父母在教育孩子的时候，最喜欢讲道理，其实，父母讲道理是没用的，父母应该学会讲故事。用语言，或者用信件给孩子讲故事，让孩子的感恩之情发自内心地油然而生，进而用显示的行动回报父母的努力与付出。

人生活在这个世界上，时时刻刻都在接受着各种"恩赐"，尤其是一个孩子，父母对他的养育之恩，老师对他教育之恩，大自然对他的慷慨赐予之恩……对于这些恩惠，父母一定要让孩子有所感悟，而不能让孩子觉得一切所得都是理所当然。如果孩子不能对自己收获的帮助有所表示，那他将失去很多。

曾听过这样一个故事：有一位归国的老华侨想资助一些贫困地区的学生，于是，在有关部门的帮助下，给多个有受捐助需要的学生每人寄去一本书，随书将自己的电话号码、联系地址以及邮箱等一同寄出。

老华侨的家人很不理解老人的做法：为什么送一本书还要留下联系方式？在家人的不解中，老人一直焦急地等待着什么，或是守在电话旁，或是每天几次去看门口的信报箱，或是上网打开自己的邮箱。直到有一天，一位收到书的学生给老人寄来祝贺节日的卡片，老人高兴极了，于当日给这位同学汇出了第一笔可观的助学资金，同时毅然放弃了对那些没有反馈消息的学生的资助。这时家人才明白，老人是在用他特有的方式诠释"不懂得感恩的人不值得资助"的道理。

如果一个孩子把别人的付出看作理所应当，那么，这个孩子永远也学不会感恩。如果一个孩子不懂得用自己的行动回报他人的付出，那他所理解的感恩只是一种流于表面的虚情假意。父母教育孩子感恩的关键就是让孩子意识到，这个世界上没有免费的午餐，所有人的付出都应该得到应有的回报。只有当孩子明白了这个道理之后，他才能用自己的行动，去回报父母的爱，去回报老师的教导，去回报朋友的善意。

最后，为了帮助更多父母培养出懂得感恩的孩子，我为大家提供几条有效的建议：

建议一：父母要起表率作用

父母是孩子的第一任老师，父母的一言一行、一举一动都将对孩子产生潜移默化的作用。因此，作为父母，我们应该常怀一颗感恩之心，尊老敬老，善待我们身边的人，无论是对领导，还是对亲戚朋友，只要他们曾经帮助过自己都应心存感激。

只要父母坚持做到以身作则、言行一致，让孩子感到榜样就在身边，那么，孩子自然会懂得什么是"珍惜报恩"。

建议二：父母要在孩子面前学会"示弱"

如果父母总能把每件事做得又快又好，那么孩子就没有机会插手帮忙。久而久之，孩子便习惯了接受，他所有的需要都被父母无条件地满足了，理所当然地认为什么事情都应该先满足他，认为别人的给予都是应该的。

父母学着在孩子面前"示弱"，孩子能够做的事情就让孩子去做，让孩子去吃苦就是让他懂得父母和别人的给予与帮助是一种"恩惠"，而不是理所当然或者是欠他的。

建议三：在日常生活中教会孩子学会感恩

家是孩子最主要的活动场所，孩子在家中所经历的、所感受的是他最重要的成长体验。所以，父母应该很好地利用这一契机，让孩子在潜移默化中学会知恩、报恩，培养他们知恩、报恩的能力，必将取得很好的效果。

很多孩子会认为世上的一切事物都是有生命、有感觉的，因此，父母可以借此采用移情的方法，让孩子学会识别和感受他人的情感、控制消极行为，从而引导孩子做出互助、分享和谦让等积极行为。此外，作为父母，应尽可能在家中创设感恩的氛围，并为孩子提供多种实践机会，在各种实践活动中，有意识地抓住时机，启发、诱导孩子对别人的利他行为进行识别和感受。

建议四：让孩子从点滴小事做起

父母应该了解，一个孩子的好品质、好行为是一点一点培养出来的。所以，父母应该让孩子从小事做起。为了让孩子学会主动尊敬他人，感恩大家，父母可以从"谢谢、晚安"开始培养孩子讲礼貌的习惯。在日常生活的小事当中，让孩子知道人与人之间要友好相待。如果自己有能力，要懂得付出和服务，而当别人有恩于自己时，要懂得感恩。因为，只有懂得感恩的孩子，才能学会感谢亲人给予他的一切，懂得感激在他成长过程中支持和帮助过他的每个人。

8. 让孩子学会爱与支持

每一个孩子降生到这个世界时，都带着一本爱的收支账薄，如果父母一味地将爱塞给孩子，那么，这本账薄就只有收入，没有支出，所以，他的爱就会淤积，这会让孩子无法很好地感知他人的爱，更无法散播自己的爱。一个孩子如果不懂得什么是爱，那他就会失去幸福感。所以，父母应该让孩子学会去爱，拥有爱与支持的力量。

当孩子懂得爱与支持之后，他才能积极地看待世界，他才会在遇到困难的时候有力量去战斗，有信念获得最终的胜利。所以，为了让孩子拥有更健康、更积极的阳光心态，做父母的一定要教会孩子什么是真正的爱与支持。

在孩子的世界里，爱与支持可以概括为四个字——"大爱分享"，一个心中有爱的孩子，一定是愿意和他人分享的孩子。你可能也遇到过这样的孩子：他们不愿意和其他孩子分享玩具，他们不想和爸爸、妈妈分享美食，他们不喜欢和爷爷、奶奶分享快乐……其实，这些孩子的问题不单单是自私，他们的根本问题是不懂得什么是爱。

在"Yes, I can"为了让孩子明白大爱分享的道理，我会让孩子做两件事。

第一件事，必须竞选班干部。当班干部不仅能锻炼孩子的领导力，更重要的是还能让孩子变得更有责任心。当一个孩子懂得要承担责任之后，他才能更好地体会别人的感受，这样会让孩子变得有气魄与气度，同时，让他成为一个愿意分享的孩子。所以，无论是班长，还是卫生委员，又或者学习委员，一定要孩子去竞选一个班干部。

第二件事，在生活中和他人分享。很多孩子在"Yes, I can"上课之后，回到家就会打开冰箱，拿出所有好吃的，去和自己同学、朋友，甚至邻居一起分享。当孩子把食物分给大家之后，他的心情也会变得无比舒畅。

除了分享食物之外，还可以分享玩具。当孩子想要和其他人分享玩具时，做父母的一定不要阻拦孩子。"宝贝，爸爸给你买的玩具好几千元，你别拿去给其他孩子玩啊。"这种爸爸显然是很没有格局的。智慧的爸爸会对孩子说："宝贝，你简直太棒了，我为你自豪，下次一定给你买更好的玩具。"

有一个妈妈告诉我，她儿子的同学总是抢他的文具用，而她的儿子为此感到十分难过。我告诉这位妈妈，让她到文具店买40支铅笔、40块橡皮擦，然后，让她的儿子把这些文具送给全班同学。从此之后，这位"最美妈妈"的名声就在学校传开了，而她这种大爱分享的格局，也会影响孩子的一生。

在孩子的成长历程中，父母给孩子撒下爱与支持的种子，同时提供适合其生长的土壤，让其茁壮成长，孩子才会成长为一个适应现代社会发展的优秀人才。相反，如果父母不能给孩子爱与支持的教育，不身体力行地给孩子爱的互动，那么，孩子只会和父母渐行渐远，和整个社会渐行渐远。

教育篇
破解教育密码，送给孩子一份受用终身的礼物

有个小男孩，在妈妈过生日前夕，用了几个晚上的时间，偷偷为妈妈画了一张生日卡，并写上了很多甜蜜的话。

生日当天，他兴致勃勃地拿出了卡片，本以为妈妈会喜出望外。没料到，妈妈随手接了过来，扫了一眼就放到了一边。他很失望，但还是提醒妈妈："里面还有很多字呢。"妈妈敷衍他说："等一会我有时间再看。"他愤怒地抓起卡片："我不给你了，再也不给你了。"气冲冲地跑开了。

看到这个故事的时候，我非常的心痛。一个内心充满爱、想要表达爱的男孩，在我看来就像一个小天使一样，可是，他的妈妈却让他的爱无处安放。我相信，如果长此以往，我们的"小天使"最终只能折翼，变成一个冷漠、孤独的孩子。

对于父母来说，爱孩子是幸福的，同样，对于孩子来说，爱父母也是一种幸福。但是，越来越多的父母不知道如何更好地表达自己的爱，同时也不知道怎样去感受孩子的爱。就这样，很多孩子心中的爱刚刚燃起，就被父母的行动和语言浇灭了。时间久了，孩子就会逐渐失去爱与支持的能力，变得不懂得关心他人，不愿意与他人分享。如果你不希望这样的情景发生在自己孩子身上，那么，从现在起，做一个懂得接受孩子爱的好妈妈、好爸爸！

最后，我要告诉所有父母，让孩子学会爱与支持的"秘密武器"，那就是好好爱自己的伴侣，爸爸疼爱妈妈，妈妈欣赏爸爸，当孩子把这一切看到眼中之后，他自然而言也就懂得爱与支持的力量。那么，作为父母要如何使用这件"秘密武器"呢？

首先，不要当着孩子的面说伴侣的坏话。

"你爸爸是懒惰、不负责的人。"

"你妈妈死爱钱，不讲道理！"

"你妈妈爱唠叨，还总在外面打麻将！"

"你爸爸一点都不顾家。"

这些话不仅会让孩子失去对父母的爱，还有可能让孩子长大以后变得懒惰、不负责、爱唠叨。

其次，多在孩子面前夸奖自己的伴侣。

"宝贝，你爸爸人缘特别好。"

"宝贝，你爸爸特别讲义气。"

"宝贝，你爸爸对爷爷奶奶非常孝顺。"

"宝贝，你有一个特别善良的妈妈。"

"宝贝，你妈妈非常有爱心。"

"宝贝，你妈妈做事特别认真。"

当你对伴侣表示夸奖与赞赏的时候，你的孩子心中会感到满足和自豪。同时，他看到你对伴侣的爱与支持，自然也会有样学样地表达自己的爱与支持。所以，送给孩子最好的礼物，就是好好爱自己的伴侣。

总结篇

确立家族方向，
你是否正在觉醒

第七章
自我审视，家族兴旺从父母觉醒开始

"设计什么都不如设计经历，规划什么都不如规划生命。"

身为父母，也许你从未意识到自己对孩子的意义，又或者你还没发现孩子因你错失了什么。现在是时候进行自我审视了。从这一刻开始，觉醒！把孩子培养成家族的希望！

1. 家族传承，你能留给孩子什么

家是什么，家就是一种传承，生命的传承，家风、家道的传承。所有父母都期盼子女功成名就，不仅是因为成功能让子女拥有成就感和获得感，同时父母也希望自己的精神与希望能一代代更好地传承下去。

中华文明五千年的历史，中华文化五千年的传承，依靠的就是一个又一个家庭，一代又一代人祖祖辈辈相传而来。如今，在我们每个人的家庭中，在我们与子女血脉相连的关系中，这种传承依然在继续。

很多父母都有"望子成龙，望女成凤"的期盼，但是，你有没有想过，你的家族、你的家庭，甚至你自己身上传承给孩子的一切，是否能够为他支起一个美好的未来，为他的功成名就、为他的事业有成打下坚实的基础。

在我的课堂上，我会向所有父母提出三个问题：你此生到底要把你的家族带到哪里？你此生到底要给你的孩子留下什么？你此生愿意为你的孩子付出什么样的代价？作为父母，如果你能清楚地回答以上三个问题，那么，恭喜你，你已经为家族未来的发展描绘了一幅蓝图。相反，如果还不知道这三个问题的答案，那么，从现在开始，你应该明确家族方向。因为，只有作为父母的你开始觉醒之后，你的子女才能拥有更光明、更美好的未来，你的家族才能更加兴旺。

在家族传承中，所有父母都希望子女能"青出于蓝，而胜于蓝"，但是，

总结篇
确立家族方向，你是否正在觉醒

作为父母应该知道子女能否成才，关键在于你能为孩子营造什么样的成长环境，孩子从你身上又能继承什么样的优秀品质。

一位黑人司机载了一对白人母子，儿子问："为什么司机伯伯的肤色和我们不一样呢？"母亲回答说："上帝为了让世界更加色彩缤纷，创造了不同颜色的人。"到了目的地，黑人司机坚持不收钱，他说："小时候我曾问我母亲同样的问题，但是我母亲告诉我，我们是黑人，注定低人一等，如果她当初像你这样回答我，今天我可能不会这样！"

显而易见，我们从故事中看到了，黑人母亲和白人母亲对于同样的问题，给出的不同答案决定了两个孩子未来人生的走向。由此可见，孩子从父母的思想中继承了什么，从父母的行为中看到什么，将决定孩子成为什么样的自己。

在书香门第的家庭中，孩子从小沾染书卷气，那么，他将来很可能成为一位成功的学者。

在知识分子家庭中，孩子从小学习科学知识，那么他将来很可能成为一位伟大的科学家。

在音乐世家，孩子从小被音乐熏陶，那么，他将来很可能成为很有造诣的音乐家。

……

良好的家庭环境直接影响着孩子的未来发展，但是，如果你的家庭"先天不足"，你无法用书卷气或者知识文化气氛去熏陶孩子，那么，你同样可以通过自己的家规、家训培养孩子的内涵气质，让他成为有涵养、有教养的孩子。

家规、家训对于现在的父母来说可能已经是比较遥远的事情。所以，接下来我将介绍世界顶级家族的家规、家训给大家参考，希望你们可以从中找到家族兴旺的秘密。

政治世家：肯尼迪家族教育子女的家训

亲手制作孩子的育儿日记与读书记录，然后对此进行彻底检查。

帮助孩子培养遵守时间的好习惯。

父母要经常向孩子讲述他在事业上所发生的故事。

吃饭时要形成一种自然和谐的讨论氛围。

教授孩子"取得第一名成绩的人不会被人无视"的世界法则。

当孩子遇到困难时，家长要站在孩子的角度上帮助他们解决问题。

让孩子进入名牌大学进行学习，使之获得最好的人脉关系。

让孩子明白，起初的笨拙与不适应，将会通过反复努力而变得熟能生巧的道理。

告诉孩子要树立远大的目标，但切勿急躁，必须循序渐进才能取得成功的道理。

父母与兄弟姐妹之间，要形成一种和睦相处、互相帮助的良好家庭氛围。

瑞典首富：瓦伦堡家族教育子女的家训

在海军服兵役，培养坚忍不拔的精神。

总结篇
确立家族方向，你是否正在觉醒

通过在世界知名大学学习与在跨国企业里就职开阔眼界。

构筑国际性人脉关系。

遵守并重视世代相传的原则。

取之于社会，用之于社会。

每周日早晨与孩子们一起散步。

弟弟接着穿哥哥穿过的衣服，从而养成俭朴的生活作风。

做事不能鲁莽，避免锋芒毕露的行为。

爷爷作为孙子的人生导师，传授智慧和经验（隔代教育）。

如果想要成为继承人，必须首先具备一颗爱国心。

西雅图的银行名门世家：盖茨家族教育子女的家训

留给孩子巨额资产，势必阻碍他成为创意性人才。

父母帮助孩子开创人脉网络。

保留缺点，结交志同道合的朋友。

年少时多读科幻小说（电影）。

母亲的礼物可能会转换孩子的命运。

通过阅读报纸拓宽视野。

富家子弟也不可娇生惯养。

机会来临时毫不犹豫地迎接挑战。

经年累积的经验将成为日后创业基础。

孩子们以言传身教的父母为学习榜样。

犹太人的至尊家族：罗斯柴尔德家族教育子女的家训

重视兄弟间和睦与家族间团结的传统。

不追求金钱，追求良好的人际关系。

教育子女拥有正确的金钱观。

信息就等于金钱，从小开始重视信息的重要性。

世代相传收集情报信息的传统。

警惕过于追求物质利益的思想倾向。

坚持"不是儿子就不参与经营"的原则。

不忘促使五兄弟和解的"五支弓箭"的教训。

世代保持捐赠的慈善传统。

犹太人之间互帮互助，共同发展事业。

华夏第一世家：孔子世家教育子女的家训

虽然生活贫困，但绝不抱怨自己所生存的环境。

即使生活在困境中，母亲依然倾注所有的热情教育子女。

越是伟人，越要自我学习与自我感悟。

失败也绝不气馁，用顽强的挑战精神武装自己。

通过长途旅行考验和锻炼自己。

凡是精明的人都可以成为自己的老师。

结交与自己志同道合的人。

不亲自教授子女，只监督和考查其学习情况。

人性的弱点有时反而会成就一代伟人。

培养勤学好问的学习习惯。

诺贝尔名门世家：居里世家教育子女的家训

即使不在学校里学习，也可能成为优秀的人才。

实践夫妻平等的原则也是优秀的子女教育。

在大自然中培育子女探求真理的心。

父亲既是家庭教师，又是领导人。

通过爷爷教育孙女，实现"隔代教育"。

即使夫妻二人都是上班族，也应该重视与孩子建立互相依赖的关系。

母亲的"启蒙教育"至关重要。

绝不为继承和发扬家族的荣誉而强迫子女成为科学家。

让子女自觉培养自立意识。

在探求学问中寻找互相有默契的配偶。

英国延续了六百年的名门世家：拉塞尔家族教育子女的家训

过分严格和禁欲主义教育不可取。

有效管理时间。

不强求特种教育。

世代相传自由进步主义精神。

享受自由的同时，履行应尽的义务和责任。

为吸引自己的目标倾注所有精力并不断进取。

认为是真理，那么就不要计较得失。

不可孤立自己，要在人群中寻找幸福。

尽可能地养成写信的习惯。

一流父母培育出一流子女。

泰戈尔世家教育子女的家训

营造书香气息浓厚的家庭氛围。

通过阅读,弥补在学校无法学到的知识。

当孩子无法适应学校生活时,寻找积极的对策。

通过聘请家庭教师培养孩子的多种才能。

将钱包交给孩子,对他进行经济教育。

消除对其他宗教的偏见。

成为富翁后积极支持文化艺术。

通过与子女一同漫游大自然,从而培养子女的想象力。

制订周密的计划,使子女从旅行中学到更多的道理。

引导子女从小接触音乐与美术。

2. 言传身教，让孩子成为家族的继承者

俄国著名文学家托尔斯泰曾经说过："全部教育，或者说千分之九百九十九的教育都归结到榜样上，归结到父母自己生活的端正和完善上。"孩子在出生之后，最先接触的环境就是家庭，可以说，父母就是孩子的启蒙老师。孩子会模仿和学习父母的一举一动，一言一行，所以，如果父母不能先正其身，成为孩子的榜样，那么，孩子又如何能担负起兴旺家族的重任呢？

自我价值低的孩子通常都有自我价值低的父母。没有素养，没有追求，没有梦想的父母，就是孩子的天花板。有一个妈妈曾经告诉我，当她告诉孩子，不要玩游戏，赶紧去做作业时。孩子却对她说："凭什么你能每天打麻将、玩手机，我就不能玩游戏呢？"当这位妈妈听到这话时，她一下子呆住了。她发现原来在孩子眼中，她竟然是这么不堪的妈妈。后来，这位妈妈不断地问自己："如果我不是一个优秀的妈妈，我能养育出一个优秀孩子吗？""如果我不够优秀，我凭什么要求我的孩子优秀呢？"……

这位妈妈非常幸运，因为在我的课上她学会了自我忏悔与反思，当她懂得这些道理之后，她就得到了成为优秀父母的第二次机会。有人说"天下无不是的父母"，但是，我想说，所有期盼子女有所作为的父母，都要学会自我反思，自我忏悔。在为人父母这件事上，有三件事是需要反思与

忏悔的：第一件，没有成为孩子的人生榜样；第二件，没有引爆孩子的梦想与灵魂；第三件，没有为孩子找到人生导师。

每一个孩子都是一颗希望的种子，如果你想让孩子继承并发扬家族精神，成长为参天大树，成为未来家族的顶梁柱，那么，你就应该从自身做起，通过言传身教，为孩子树立一个好的榜样，帮助孩子实现梦想，为孩子寻找人生导师。

关于如何帮助孩子引爆梦想，如何为孩子寻找人生导师，如果你仔细阅读了这本书，我想你应该已经知道如何去做。所以，在此我要重点强调的是如何成为孩子的榜样。

首先，要成为孩子的榜样，平时要注意自身的习惯。

在很多家庭中，这样的场景每天都在上演着：晚餐之后，孩子在自己房间写作业，父母在客厅的沙发上看电视、玩手机。

有些家长甚至一边拿着遥控器换着频道，一边从门缝里看孩子是不是在认真学习，嘴里还念叨着："要认真写作业啊，不能贪玩。"这种居高临下的姿态，好像家长对于孩子来讲只是一个管理者，只需要监督孩子学习。

如果你的知识不足以辅导孩子写作业，但你起码可以在孩子学习的时候读读书看看报，这对孩子来说也是一种陪伴、一种莫大的支持与鼓励啊！其实，决定孩子成长的不是父母的监督和管理，而是父母为孩子树立的榜样。如果你自己从来都不好好学习，却要求孩子天天向上，这几乎是不可能的。

其次，要成为孩子的榜样，先要规划自己的人生。

总结篇
确立家族方向，你是否正在觉醒

父母希望子女成才的愿望是可以理解的，但如果你没有成为孩子的榜样，孩子根本不知道龙和凤是什么样的，那么又怎么可能成龙、成凤呢？

如果父母不给孩子树立好的榜样，孩子不会成龙成凤，他只会成为你自己。如果你不想这样的情况发生，那么，请你不要过那种"做一天和尚撞一天钟"的生活，你应该不断给自己树立新的目标，更新自己的知识结构，提升自身的修养。这不仅可以让孩子从小就意识到人生规划和努力的意义，还可以让你自己成为更好的自己。

最后，要成为孩子的榜样，就要学会控制自己的情绪。

有些时候，我们会看到一些脾气不好的孩子，当我们再看他们的母亲时我们就知道孩子为什么会这样。其实，在孩子幼儿时期，母亲的情绪变化，对于孩子今后性格的形成与发育的关系更为密切。

有一些母亲喜欢在孩子面前抱怨生活，责骂或批评他人，再或者经常表露颓废的情绪。这些母亲觉得孩子幼小、不懂事，在他们面前发泄负面能量对孩子没有什么影响。但其实，这是非常不利于孩子心理健康的教育方式，这种行为不仅会让孩子产生极大的不安全感和心理压力，还会让孩子受到一种潜移默化的影响。所以，无论你暂时遇到多大的困难和挫折，为了孩子的健康发育，请一定不要在孩子面前发泄负面情绪。

华人首富李嘉诚说："一个人事业上再大的成功，也弥补不了教育子女失败的缺憾！"所以，从现在开始，好好反省自己的教育是否成功，好好忏悔自己那些不负责任的行为，努力成为孩子生命中最好的榜样，给孩子的人生注入最强的能量，让他有信心、有能力肩负起家族兴旺的重任。

那么，身为父母的我们，应该做出什么样的榜样，让孩子成为家族的继承者呢？

（1）让孩子拥有伟大的目标

所有成功者内心都有一股强大的动力，这种驱使人们奋进的动力叫作目标。伟大的人生来就有伟大的目标。成功也是如此，为什么有的人功成名就，有的人却一事无成？为什么有的人事业如日中天，有的人事业如履薄冰？这除了与每个人能力大小有直接关系外，还与每个人制定的人生目标大小有直接关系。没有远大的抱负和目标，就不会成就伟大的事业。

（2）培养孩子的经商头脑

经商头脑是商业知识的积累和生意经验的总结。一个孩子长大后形成的特质，跟自己的家庭环境有很大的关系，艺术世家的孩子可能就有艺术天分，企业家的孩子可能就有经营天分，政治家的孩子可能有政治天分。因此，判断一个人的天分所在不能忽视成长的环境。

（3）打造孩子的社交能力

如今，人际关系不仅是生活的重要组成部分，同时，它也是一种资源，一个人想要取得好的成绩就不能忽视这一重要资源。因为人类的发展已经说明社会性是人的本性之一，所以生活并不是一个人的，人不能独自存在。而家庭环境、父母的培养、态度和方式，对孩子交往能力的发展具有巨大的作用。

（4）让孩子具有一定的冒险精神

每一个成功者，都有一颗无所畏惧、勇敢面对一切的心。而那些处处小心谨慎、做事畏手畏脚的人，一般很难有所成就。当一个人缺乏冒险精神时，他的梦想永远只能是梦想。所以，我们每个人都需要冒险的精神作为我们勇敢追梦的后盾。不过，冒险精神并非与生俱来的，多半要经过长期的实践和宝贵的经验教训而得来，经由冒险、失败、再冒险、再失败……一步一步得来的。

（5）为孩子注入坚持不懈的素养

目标就是我们不断向前的方向，很多人会把目标看作灯塔。我们可以试想一下：如果大海里没有灯塔，航船将驶离原有的航道，在大海中迷失方向，严重的还会触礁沉入海底；一个人如果没有目标，就像大海里中没有灯塔一样，会失去自我，失去奋斗的方向。当一个人树立了目标并且为实现目标而努力时，他只需要盯住目标，坚持到底就能实现最终的成功。一个人如果轻易放弃，那么，他将不会收获任何结果。因为也许下一个转弯处就可以看到美丽的风景，但过早地掉头却使这一切轻易地失去了。

3. 养正一个孩子，兴旺一个家族

古语有云："君子之泽，五世而斩。"这句话的意思是说，一个大家族的福泽，不可能永久保持，到了第五代就没有了。一个家族，如果靠权力和财富代代相传，那么，这个家族能坚持到第五代已经算是幸运了。但是，如果一个家族，传承的是良好的家风，家族中的每个孩子都能接受良好的教育，那么，我相信这个家族一定能维持长久的辉煌。

很多人都知道美国前总统布什，但是，对于布什背后的家族知道的人却不多。其实，布什家族的历史源远流长，可以一直上溯到英国亨利三世时期。在近现代，布什家族的发展史可以说就是美国崛起的缩影。布什的曾祖父曾是美国制造业大亨，布什的母亲则出身金融巨头之家。时至今日，布什家族的产业已经遍及石油、银行、军工等多个重要行业，其家族影响力可谓极其深远。

布什家族能够一直兴旺至今，其中一个重要原因就是他们十分重视孩子的教育。据说，老布什的夫人芭芭拉·布什在教育孩子方面有一套独特的"祖传秘方"。这个秘方的效果如何，从小布什的身上你应该可以找到答案。

像布什家族、摩根家族、肯尼迪家族这样的家族可能离我们太远，但是，因为养成一个孩子，而兴旺一个家族的"普通"家庭其实就在我们身边。

比如，曾经的世界首富比尔·盖茨。

比尔·盖茨的家族是一个勤奋的家族，在每个家族成员的身上都涌动着勤奋的血液和狂热的精神。

在比尔·盖茨的家族里，父系和母系方面都没有称得上大富大贵的人，但在双方的家庭中却都有相同的东西，那就是勇敢、创新、独立、谦逊等精神和无穷无尽的活力。没有这些精神的代代传相传，比尔·盖茨就不会具有超人的才华与能力，并成就辉煌的微软帝国。

在20岁那年，比尔·盖茨创立了微软，并连续十多年蝉联为《福布斯》评比的世界首富，这实在是一件值得高兴的事。但是，比尔·盖茨的母亲却从来没期盼过自己的儿子是世界首富。对于母亲来说，她心中真正的期盼是，比尔·盖茨也可以像她那样成为一个终身的慈善家，通过自己努力创造的财富去帮助更多需要帮助的人。比尔·盖茨也深深理解母亲的心意，他于2008年卸下微软职务，全身心地来实践母亲的梦想。

在比尔·盖茨身上，我们不难发现母亲对他的重要影响。而这一点也可以从比尔·盖茨家族历史得出结论。因为比尔·盖茨的父亲和母亲家族中的人都不墨守成规，虽然他们性格温文尔雅、和蔼善良，但是都有一种相同的东西——冒险精神和创新精神。现在，很多人都认为，家族中的这两种精神对比尔·盖茨的事业具有非常深远的影响。也正是因为这两种精神才造就了后来的微软帝国。

父母是孩子最好的榜样，这一点在比尔·盖茨的成长历程中也得到很好的印证。在比尔·盖茨身上经常会体现出父母许多不同一般的素养，很明显，他继承了父母以及家族的野心、智慧还有竞争精神。比尔·盖茨这些素质的形成,有家庭环境熏陶的因素,甚至还有遗传的因素,但不可否认,父母的教育在其中起到了决定性的作用。

比尔·盖茨的父母在质朴的处世生活中,对盖茨的未来倾注了极大的热情和耐心,把更多的精力用在了关心孩子的成长与教育上。比如,他们虽然总要忙于各自的工作,但在工作之余总是想办法尽可能地与孩子们待在一起。平时,一家人只要一有空,就会聚在一起进行各种游戏,从棋类到拼图比赛,几乎玩遍所有的益智游戏。盖茨天资聪慧,特别是在数学和自然科学上,他表现得更为出色。他早早地表现出来的计算和想象的天赋,甚至让老师和校长都吃惊不已。而盖茨的父母更加了解孩子的优点,很快就认识到他的智慧,并且及时送他到更适合他成长的湖畔中学学习。湖畔中学是一所私立学校,而且是那种以热烈的学习环境而闻名的私立学校。后来的事实证明,父母的这个决定对比尔·盖茨的一生具有长久的影响。

比起盖茨的学习成绩,显然他的父母更关心他的心理成长。比如,在慈善方面,比尔·盖茨的父母乐善好施,是天生的慈善家。而比尔·盖茨则并非天生的慈善家,他的乐善好施在很大程度上缘于父母的影响与熏陶。父母不仅自己一直支持慈善事业,而且在比尔·盖茨很小的时候就经常鼓励他做一些善举。

在比尔·盖茨小的时候,他曾是西雅图童子军的一员,为了给童子军筹集资金,比尔·盖茨曾到街上卖坚果。当比尔·盖茨的微软公司开始挣钱的时候,他的母亲就开始鼓励他考虑慈善事业。为了促进盖茨真正大力支持慈善事业,母亲常常要求他多接近那些社会底层的、生活困难的人。1993年秋天,比尔·盖茨进行了一次非洲之旅。在当地,他看到了许多让他难以想象的、极度贫困的人,这让他不禁扪心自问:"我能为他们做些

总结篇
确立家族方向，你是否正在觉醒

什么？"回来后，他把自己的所见所想一股脑儿倾诉给父母。老盖茨对儿子说："孩子，你应该建立基金会，开展慈善工作。"盖茨欣然答应，立即建立了启动资金达9400万美元的慈善基金会。

现在，比尔·盖茨做了多少慈善事业，可能连他自己也无法记清了。因为仅是他启动的全球健康计划，就已为全球医疗保健业捐赠了40亿美元。

父母对孩子的教育，可以让一个家族的影响力延续百年。同样，在好的教育之下，一个孩子也可以带领一个家族走向兴旺。

附 录

"Yes, I can" 青少年国际课程（6～18岁）学员见证

1. "Yes,I can" 回忆录

文/小教练 叶涛
捷哥108亲传弟子、第三届"Yes,I can"毕业生

"Yes, I can"的课程我上过四次。一次成人班、两次青少年班、一次凤凰游。

记得应当是2008年吧,那一年的暑假是在长沙度过的。在我正享受着假期愉悦的时候,我妈给我打来电话,让我参加第34期"团队领袖复制营",当时我想都没想就拒绝了。原因有两个:第一是正玩得起劲没心情上课;第二是听说是一群成年人的课程,我想大概不适合我。但最终我还是去了——因为我妈是先交钱后通知我,但我很庆幸我妈将这个机会强加在我身上,这让我遇到了我人生中的第一个转折点,也就是我思想的启蒙导师——陈捷老师以及他的晴森团队。

聆听老师的教诲,经历团队竞争的洗礼,感受到成功的狂喜与失败的屈辱……这一切的一切,都在打磨这个尘封了15年的少年的心。是的,我从小就有与人相异的经历,4岁正式接触荧屏,与赵本山、成龙、费翔等明星拍摄的广告一个接一个,被鲜花、灯光、赞美所包围……但我知道,那都只是表面现象,有句话说外表越强大内心越脆弱,无疑用在我身上最合适。没人知道我心中的苦闷与孤寂,终日与书为伍,人际交往几乎为零!但在这个课堂上,我变了。我渐渐懂得什么是团队、什么是互助、什么是荣誉、什么是耻辱、什么是感恩……每一个看似简单的环节都蕴含着深意。

附录
"Yes, I Can" 青少年学员见证

陈捷老师用他最原始、最无所保留的正面力量感染着每一个人，感染着我。如果让我用三个词去评价"Yes, I can"，那就是：智慧、力量、感恩。

在"Yes, I can"里我担当过三个角色：普通学员、小队长、辅导员。在成人班的时候，我是年龄最小的学员之一。从最开始的忐忑不安到渐渐的倾尽全力，再到登上领奖台为团队争得荣誉的那一刻，再到以一分之差输给冠军的惩罚中……无论是大笑还是痛苦，我知道，那都是一种蜕变。到后来第一次参加青少年班，我已经洗去了初时的青涩，并被大家推举为小队长。带领着这支临时组建的小队，开始了夺冠之路，队名，被我命名为"战魂"。经历过失败，直面过困难，更获得过胜利。最终，我们用最无私的互助、百分之两百的努力让"战魂"这两个字永远地记录在总冠军榜上。在我的一再坚持下，我成为了下一期"Yes, I can"的辅导员。

这次的感受又是不尽相同的。虽然不再比赛，不用夺冠，但要做一名称职的辅导员却比我想象中的难得多。我感觉到吃力了。这样的情况突然让我想起这样一句话来："真正强大的人不是因为他的实力，而是因为他的谦逊好学。"这是陈老师叮嘱我的，我也开始明白，我以后的路还很长，要学的东西还有很多。至此，"谦逊"二字，便再也没有离开过我的脑海。

"Yes, I can"中教得最多的是感恩，而我觉得我最应该感恩的也正是"Yes, I can"。在那个场合、在那个课堂，留下过我的笑声与泪痕。谢谢，谢谢所有帮助过我的大哥哥大姐姐，还有陈老师。若日后叶涛能成大业，诸位，即为启蒙。

2.如果我们不曾相遇

文／小教练 向寒
　　捷哥108亲传弟子、第七届"Yes,I can"毕业生

　　如果我们不曾相遇，我会是在哪里？如果你我从未出现，我会消失在这世界里。岁月很长，生命很短，你真的还能保持最初的真心吗？我时常会这样思考人生，正如许多人一样。

　　人生太短了，我们从来没有机会像游戏里那样，game over 以后又可以 play again，它时时刻刻都是在现场直播。我们做错过的事只能去弥补，可是后悔依旧存在；我们伤害过父母只有我们长大才懂，可是伤疤依旧存在；我们来不及去做的事只能寄托在别人身上，可是遗憾仍旧存在。一个人的一生其实都是犯错的一生，但是如何少犯点错，如何在有生之年真的为劳累的父母尽尽孝心，不要让自己的人生后悔，这是我们该做的。

　　十七岁来到"Yes,I can"的时候，那是第七届，我是整个课程里年龄相对较大的新学员，那时的我，还是一个不善于表达自己的人。或许是性格开朗的孩子们总是被更加要求做得更多更好一些吧，我的母亲常常会让我在大人们面前表现自己，锻炼我的自信和口才，可是我依旧办不到。一次又一次，我对自己失望也恨透了这种被寄予厚望的感觉，我觉得自己应该活得自由一点，做我想做的事。然而这一切都在我遇到捷哥和"Yes,I can"时，悄无声息地发生了变化。虽然我也经历过回家之后将这一切抛之脑后，但当我看到我的同学们都在努力进步时，我翻开当初在"Yes,I

附录
"Yes, I Can" 青少年学员见证

can"写下的那些目标，我知道我必须要努力，重拾初心；虽然我也会有放弃的时候，但是当我一次次看到在"Yes，I can"的好朋友们给我的鼓励时，我知道我不能让这群人失望，不能让我的父母失望，更加不能让自己失望，重拾初心；虽然我也会有跟母亲吵架的时候，但是每当我想起参加完"Yes，I can"时她的泪水，捷哥对我的谆谆教诲，我知道我应该去发现自己的错误而不是一味地责怪父母。从那以后我开始更多地主动跟他人分享，更多地愿意站上讲台演讲，更多地愿意帮助越来越多的人去改变，因为我有了改变，我才开始走上我自己正确的成长之路，我开始找回了当初的那份真心，那份孝心，那份拼搏的心，那份友爱的心，那份帮助他人的心。

二十二岁来到"Yes，I can"的时候，已经是第十八届了，我是课程的小教练，五年，在这里五年了，每一次来，我都在想，或许这一届我们还是同学，下一届你我可能就不在了，但是却有一个人一直坚持在这里，为了更多孩子的改变，我喜欢叫他捷哥。从第一届到第十八届，他付出的汗水和努力我们都看不到，但是当我们有所改变，有所成长的时候，我们都能看到他欣慰的笑容，因为他不为别的，真的只是为了我们能够变得更好，能够撑得起我们自己的梦想。他一直怀揣着这样的一颗初心，一次又一次地鼓励我们，才有我们今天鼓励他人的能量和勇气，我曾经觉得我或许不会留在这里太久，但是我看到捷哥的付出，看到自己的改变，我知道我想要跟他一起承担这份责任，因为能量需要传递才会更加有力量。

成长中，我们都需要指引我们方向的导师，但是他不应该只是一个老师，他还需要是我们的朋友，不仅需要教会我们聆听，更加需要聆听我们

的心声；不仅需要教会我们尊重，更加知道我们也同样需要被尊重；不仅需要教会我们如何做人和学习，更加要做好我们的榜样。在我心中，捷哥就是这样的一位老师、朋友、家人，他是一个优秀的榜样，一直在我的身边教会我学习、生活、做人，同样也让我更加自信、更加成功、更加优秀，我因为有了这样的朋友而更加努力。

随着年龄的增长，我的生活环境也变化着，越来越多的事情变得需要我自己来做决定。有很多时候变得身不由己，也有很多时候变得不如意，还有更多的时候变得不明所以，但我永远记得那些年我和小伙伴们一起拼搏过的"Yes,I can"，那会让我永远保持着我的初心。如果我当初不曾与你相遇，或许今天的我已经泯然于这茫茫人海，让本来有机会闪亮的我，变得沉寂、昏暗。感谢遇见捷哥，感谢遇见"Yes,I can"，感谢我的好朋友们，你们是我的初心。

附录
"Yes, I Can"青少年学员见证

3．"Yes, I can" 回忆录

文／小教练 张湘强
第三届"Yes, I can"毕业生

我心中的捷哥

关于捷哥，我想用"亦师亦友"这个词来形容他再好不过。一年365天，他将自己95%的时间都投入到自己的工作当中，留给自己的时间屈指可数，而在他95%的工作时间里，又有一大部分的时间留给了青少年，在他与青少年相处的时间里，以"陈老师"的身份出现是少数，而以"捷哥"的身份出现往往是他人格魅力的体现之一。

无论是生活还是学习，乃至就业上的问题，他都会从旁细心地辅导你，引导你。你有任何的烦恼、苦闷去与他诉说，他都会认真地聆听，与你讲述千金也很难求到的故事，故事过后，你会发现你的烦恼苦闷都被抛之脑后，有的只是勇往直前的动力。一个人的力量或许有限，但一个人的影响力却是无穷无尽的，"捷哥"就是最好的证明！

我心中的"Yes, I can"

记得第一次接触"Yes, I can"的时候带给我最深刻的印象就是"魔鬼训练营"。刚开始很难接受那种强压力的学习与训练，但"与其逃避不如适应"，慢慢地开始接受这个大家庭。渐渐的，"Yes, I can"这个大家庭好似有一种魔力一般，潜移默化地激发出每个人独特的光芒，发现自

己最为闪光的一面，同时也更清楚地认识到自己的不足。更重要的是，你在这个家庭中认识的每一个人，每一个点滴的瞬间，都将成为你人生中难以磨灭的记忆。

这就是"Yes, I can"的魅力，让你在不知不觉当中得到成长。

附录
"Yes, I Can"青少年学员见证

4. "Yes, I can" 有感

文／小教练 刘家乐
捷哥108亲传弟子、第八届"Yes, I can"毕业生

阳春三月，芳菲四月，日子一晃而过，留给我们的是记忆和拼搏。

——题记

"一年之计在于春"

在这一个平凡而又不平凡的春季，我们用辛勤的汗水感受到拼搏的乐趣，成功的喜悦，收获到团结的力量。一次次的努力，一次次的跌倒，一次次的咬紧牙关，也都在这个春季里尽收心底。

"感恩"

作为这次活动的最大收获，我首先要感谢给予我生命的父母，感谢教给我知识和道理的老师，感谢所有给予我鼓励和友谊的伙伴们，还有照顾我们的所有工作人员。是父母带我们走出了生命的误区，教会我们向困难挑战，是他们让我们在失败之后，重新扬起生命的风帆，给予我们爱的力量；是老师向走在十字路口的我们伸出热情的双手，教给我们通向成功的人生哲理和知识，解开我们心中的种种疑惑，让我们看到广袤的天空和浩瀚的大海，给予我们心灵的启迪；是朋友和我们并肩作战，在遇到困难时鼓励我们坚持下去，给我们无穷的力量以及让我们走下去的勇气。谢谢

你们！

"拼搏与坚持"

这次活动的代名词，让我们在竞争中不断进取，在紧张中不断奋斗，在学习中不断挑战自己乘风破浪，直挂云帆，享受搏击沧海的乐趣，当我们把目标定在冠军上，并不断为之奋斗时，我们居然能熬夜写下一万多个"YES I CAN"，有的人为了节省时间居然吃干咖啡粉，有的人为了冠军彻夜不眠，在小品环节中，我们不断排练，一起改写剧本连续几天如此。团结的力量是伟大的，在一次又一次拼搏与坚持后，我们做到了，是的，"YES I CAN！YES WE CAN！"

"目标"

这次活动的前进方向因为有了目标而变得更加顺畅，目标犹如指路的明灯，给予我们方向，如果没有目标只是一味进取，只会是一团乱麻，或走得曲曲折折不仅浪费了时间还浪费了精力，最终很难到达成功的彼岸。我从前的目标不是很明确，虽然一直很优秀（我也不知道为什么），但是一直很迷茫，是这次活动让我有了明确的目标，并为之奋斗，相信在不久的将来你们会看到更优秀的我。也许你现在还只是一株稚嫩的幼苗，然而只要坚持不懈，终会成为参天大树；也许你现在只是涓涓细流，然而只要锲而不舍，终会拥抱大海；也许你现在只是一只雏鹰，然而只要心存高远，终会翱翔蓝天。亲爱的朋友们，让我们一起启程，到达理想的目的地，一起拼搏，获得辉煌的成功，一起播种，收获更优秀的自己，让我们一起加油！

附录
"Yes，I Can"青少年学员见证

5. 榜样·信念

文／辅导员 郭宏志
第十二届"Yes，I can"毕业生

内敛曾经是我的代名词，即使再熟的朋友都极少交流，父母为此烦恼不已。当时也不知道怎么知道"Yes，I can"，我妈当时和我说是一个好玩的夏令营，我当时并没有什么兴趣。但是胳膊拗不过大腿，最后还是报了名。在"Yes，I can"开始的前一个星期多还不小心把手给摔了，没想到我妈还是让我去！真是无语呀！

去到"Yes，I can"，最诧异的就是课堂了：就像进到了精神病院一样！看着一群疯子喊着"捷哥"。见到捷哥就觉得很普通嘛！没什么了不起嘛！上课也没怎么听得明白。他是怎么吸引这么多人崇拜的？

真是厉害了我的哥！短短的几天我第一次知道什么叫朋友，什么叫兄弟，队里的哥哥姐姐都很照顾我。当然最重要的是也被台上这位捷哥深深吸引。想知道就一定要亲临现场！

捷哥的话开始成为我面对困难的勇气，每次想放弃学习的时候，都会想起捷哥说的学生时代学业第一，我就会坚定学习的决心！

我也在"Yes，I can"里学会了悦容，所谓悦容就是喜悦地接受，平时别人给你的意见不管是不是有用或者正确都要喜悦地接受。

最美不过初识，在最懵懂的年纪认识了捷哥，虽然他给我的只是星星之火,但却已经点亮了我心里的明灯。

谢谢"Yes,I can"!谢谢捷哥!我想说:认识捷哥是青春里最好的礼物,感谢妈妈,您辛苦了!

附录
"Yes，I Can"青少年学员见证

6. 与你们，与他

文／辅导员 高剑晖
第三届"Yes,I can"毕业生

"是什么时候开始，我们有相同的失望；是什么时候开始，我们长得越来越像；是什么时候开始，人们说活着平凡才是唯一的答案。但是我想问，你们还敢不敢平凡，敢不敢勇敢，敢不敢健全？敢不敢说出我是个有荣光的人？当你明白这些，过去和未来都将与你相关。"这是天娱传媒老总龙丹妮说的一番话。现在的我们正值拼搏奋斗之时，却开始享受生活。人们总说，放弃吧，反正努力了也未必会有收获，还不如等着天上掉馅饼。

有时候，我会想，如果我从来没有遇见过你们，我会是什么样的？说实话，从前的我一直是个听话的小孩，而从来没人夸我懂事。因为小时候的我不愿意与外界接触，也没有自己的思想，想着一生就走父母为我铺好的路。然而，因为八年前的一次谎言，让我开始踏进这个家族。那是第三届的"Yes,I can"，当时的我还不懂参加这个课程的意义和目的在哪里，只是为了去完成一个我爸交给我的任务罢了。而现在，我已经17岁了，这个课程也已经到了第十八届了。有人问我："每次参加课程累吗？"我点头。"那后悔吗？"我摇头。

我从来就是个只有三分钟热度的人，不管是各种兴趣还是学习都喜欢放弃。而这恐怕是我坚持最久的事了。我向来把自己定位成一个成绩不好、啥都不会的问题少年。而在"Yes,I can"的课堂中，从来没有人会排挤我，大家都是一个整体，而我，就是一个榜样。渐渐的，我开始去分享我的想法，去为我们团队加油，开始上台分享自己的故事。而现在，每次参加课程，我都要争着成为一名辅导员，为的就是成为一名榜样去影响更多的人。课程中我经常开玩笑地说今天流的泪与汗，就是选当辅导员时脑子进的水。可到最后，却还是意犹未尽。我记得在珠海举办的那一次课程中，我已经成为了一名辅导员。当时的团队队员之间的团结并不深厚，所以常常产生矛盾。我也一直在为我没有带好一个团队而自责。也就是那一届，我的父亲第一次来接我。

当他问到我的团队时，我竟然无言以对，这时我突然发现我的团队就是我的一个放大的形象。我平常面对我家里人时，也是一副坏脾气。所以当时我就对我爸承认了错误。也就是那次，平时极少哭的我竟收不住自己的眼泪。因为我一直以为我爸不爱我，而后来我才明白，是我不懂他爱我的方式。这个课程有一种魔力，它不但激发了我自己的潜力，还能让我体会父母的不容易，而且，还让我认识了一群少年，他们总是鼓励我，当我犯错误时也会及时帮助我改正。也就是这样的一群人，才造就了今天的我。这也就是我与你们的缘分吧。

而我与他，就更加不可描述了，第一次见面时，感觉他就是一个年轻一点的老师，上课一样的无聊，还喜欢虚张声势，打扰我睡觉。可后来慢慢深入了解他之后，发现他才是我真正的榜样。他不仅能够在我最迷茫的时候为我指路，而且能够在我膨胀的时候及时制止我。在课堂上，他是能够让人敬佩的人，而在课堂下，在游学中，他又像一个年纪稍大的哥哥，陪着我们开心、陪着我们闹。今年是我认识这位大叔第 8 个年头了，可我

附录
"Yes, I Can" 青少年学员见证

一点也没后悔与他相识。因为认识了他，才让我今天能够选择自己的道路。而他就是捷哥，那个古灵精怪的大叔，遇见他是我的幸运。

  与你们、与他的相识，这就是我青春的全部。但我却不觉得枯燥，反而因为有你们的陪伴，我的时代才是彩色的！

7. 在生命中最美好的年华碰见了他

文／谭炜建（优秀学员，第十三届"Yes, I can"毕业生）

2017年7月底，我第一次走进了"Yes, I can"的课程，最开始是因为我表姐杨邺雲才去的。

一路上，对于人人口中的"捷哥"，引发了我无限的想象。我尽力去描述捷哥是什么样的一个人，为何他总是在人们口中频繁地被提起，这个人为何如此有影响力，我问过他的样子，却又总是告诉我一个模棱两可、无比抽象的形象，而这一形象却好似在他们的心灵之中占据着重要的地位。

我越发感觉这一个课程就是一种只可意会不可言传的一种对心灵上的引导。它对你的影响不是瞬间而成的，是一种潜移默化，却又根深蒂固的影响。后来在"Yes, I can"的学习也证实了这一点。

于是，我与捷哥的故事就从此开始了，这时，我刚刚步入初三，这对于很多在"Yes, I can"学习的同学来讲，这似乎算比较晚了，但对我而言，却不算迟，我在生命中最美好的年华碰见了他，他使我改变。

那天刚刚步入"Yes, I can"的课堂，我就立刻体会到了这一课堂绝对非同一般，它与我上过的其他的所有课程都完全不一样。在这里，你会发现，每一个人都会为了集体、为了自己的目标尽一切所能，拼到自己的极限，就像我喜欢的一部小说中的一句话："前进！前进！不择手段地前进！"

附录

"Yes, I Can"青少年学员见证

最开始，这在我看来是一件蠢事，为什么要为一个虚无缥缈的奖项而累死累活，那不是故意残害自己的身心健康吗？但没想到的是，这样的集体像是一个旋涡，我本不触碰，但是一旦我开始渐渐尝试去融入这一个集体，我就会发现其中每一个人的善良的心，我就会投入集体温暖的怀抱，并努力为集体贡献，那漩涡的中心是一个无底的深坑，在这深坑里填满的，是无尽的智慧与爱。

2015年，我独自一人从怀化来到长沙求学，心中满是不自信，特别是初二的时候，成绩一落千丈，更是让我失去了自信。但是来到"Yes，I can"这一神奇的课堂，我竟然能重新结交"自信"这一老朋友。

那是在"Yes，I can"的最后一天，我与母亲一起去找捷哥，自从上了"Yes，I can"以来，虽然我在这温暖的大集体中得到了许多，自己也奉献了许多，但我一直以为，我是这里二百四十多个人中最渺小的一个，不会有什么人会记得我，更不会有人能精准地了解我的想法、我的性格。然而，那一天，捷哥做到了。我觉得不可思议，但我确信了一点，我并不是一个真正平庸的人，虽然人生来渺小，但我总会用渺小的身躯影响这个世界。捷哥说过："做好自己，影响他人。"

"Yes，I can"结束了，它给我带来的不是任何物质所能够衡量的。它给我的不仅仅是物质上的东西，也超过了知识的传输，我甚至觉得这也不仅仅是一场精神的洗礼，它是对一个人的心灵深处的灵魂的引导，对一个人精神状态的提升，是帮助你生活得更加精彩的课程。它给我带来的改变可以说是巨大的，即使是在暑假，我也开始了认真的学习，在开学前半个月时，我每天晚上都会去小区门口的奶茶店里自习，去巩固在暑假里的课外班学的知识，去预习下个学期的课程，并且从未有过地、完整地完成了所有的暑假作业，在那里，我直到奶茶店下班关门才回家。

我本以为这半年状态不会再像以前那么差了，但也只能是在这半年中，没想到的是，2017年10月初的"非凡口才"成为我的另一个转折点，在"Yes, I can"之后，给我的状态又一次带来了巨大的提升。

那天晚上，我在学校寝室打电话给和捷哥一起在少林寺参加"导师之路——领袖影响力"的妈妈，一打电话她就告诉我她已经给我报名了"非凡口才"，时间是在10月1号到10月4号，要知道，我的第一次月考是在10月6号啊！国庆本来也就放假5天，而在国庆期间，在别人还在家里复习的时候，我要来韶山参加"非凡口才"，这难道不是在浪费时间吗？

然而，我又一次错了，"非凡口才"带给我的甚至远远超过了暑假里的"Yes, I can"。

从小到大我就害怕上台，甚至害怕回答问题。虽然我心里幻想着自己能在众人面前分享自己的经历，想要把自己想的都淋漓尽致地表达出来，可是每一次，当我准备充分，走上讲台的时候，却紧张得发抖，没有办法讲出来任何东西。所以每一次班上组织的上台发言，我很少上过台，就算是上台，也只能是照着稿子一路念下去，不敢抬头注视那一双双眼睛，一双双恐怖的眼睛。如果是脱稿的话，就根本没有办法把自己想的完全表达出来——我从来都是畏惧他人的眼睛，我畏惧那个只比地板高一点点的舞台。

但是在"非凡口才"我又一次被自己的能力所折服。竞争对手中，最强大的那一个就是自己，突破了自己，就完成了真正的进步。

附录
"Yes，I Can"青少年学员见证

因为有了"Yes, I can"的学习，融入这一个集体简单了许多。正如其他课程一样，"非凡口才"的学习机制也是完全不同于我的日常学习的。在此，我不得不上台发表自己的演讲，不得不突破自己，这样才能创造奇迹。我从未如此投入过，把精力全部都花在这上面，它让我筋疲力尽，却又因为我一次次的突破自我而泪流满面。

那天晚上，我排练到深夜，为了明天的演讲能有一个好的表现，我先是写稿，困了，就把买回来的提神饮料全部喝了，一直写到十一点，这一篇文章写了1000多字，除了半年前写过一篇7000多字的论文，之后的文章就很少达到这个字数了。我刚刚写完，要起身时，门打开了，查房的黄教官来了，提醒我要早点睡，他走之后，我便开始读这篇演讲稿，读起来很费力（因为字写得太飘逸），那天晚上读了十多遍，却还是没能脱稿。或许是我太困了，开始煮水泡茶。水刚刚开时，黄教官又来了，这时，已经十二点多了。我喝光了房间里所有的茶，然后演练了二十多遍，一点半的时候，实在太困，倒头就睡了。

现在想起来，都觉得那时是我最拼的时候，居然能创造我这14年来，为了演练一份演讲稿，最晚睡觉的纪录。人生漫长，最怕的就是平庸，要给自己创造去创造奇迹的机会，并且真正创造奇迹。这样，才能使自己的生命变得跌宕起伏。

"非凡口才"不仅让我又一次重新认识到了自己，也又一次调整了我的状态，我的心态。

这不到半年的时间，是我人生中一次重大的转折点，捷哥给了我太多太多。同时，我也有了显著的进步，暑假之后的入学考试，我在年级

进步了 200 多名，第一次月考在没有复习的情况下，在年级进步了 50 多名，第二次月考又在年级进步了 100 多名，在有 1500 人的年级里，我的排名从上学期的 900 多提升到现在的 500 多，其中大部分都与我从 "Yes, I can" 和 "非凡口才" 中提升的良好状态有关。捷哥说："动作创造情绪，状态决定结果。"

若我错过了你，我将永远无法脱离我的苦海，我将淹没在苦海之中，我只会是一个永远自信不起来的孩子，我将不会脱离平庸，追逐卓越，我可能只是碌碌无为，虚度光阴。与你结缘，便是最好的结果，你让一朵野花绽放，让迷航的船只找到了前行的方向，我永远不会忘记，当初我拼搏过、奋斗过，它将成为我生命路上最美好的回忆。

附录
"Yes，I Can"青少年学员见证

8. 得之，我幸

文／辅导员 蔡诗明
第十五届"Yes，I can"毕业生

时间转瞬即逝，少时迷恋宿命般的遇见，这么多课程，我遇见了"Yes，I can"，遇见了捷哥，遇见了你们，得之，我幸。每一个字符都是回忆，遇见人，遇见爱，都容易。难得的是遇见回忆，你们却是我最好的回忆，幼年读书，遇见喜欢的故事会翻来覆去地看，你们就像是那本爱不释手的书。

第一次来到"Yes，I can"是因为朋友推荐我来的，第一节课程，看见每个队友都张牙舞爪，像傻子一样。因为我之前上的课程都是静悄悄的，连讲话都是不被允许的，更别提像"傻子"一样蹦蹦跳跳了，我却没有想到这个"傻子"一样的课堂，以后会让我如此留恋。

第一次离开家来到外地，忘不了第一天的时候哭着跟欣怡姐找妈妈，可是后来我发现这个课程不是简简单单的同学与同学的关系，老师与学生的关系。在这里，辅导员们像是哥哥姐姐，是榜样，影响着我们成为更好的自己，在这里，组员是朋友，不分年龄大小，团队至上勇敢拼搏，于是我开始爱上这里。从格格不入到依依不舍，于是我开始改变，从害怕上台到乐于上台，从自我怀疑到自信，于是在我第一次来"Yes，I can"的时候也收获了个人mvp，此时即使我的家长没有来，我也不觉得特别孤单。因为有你们，我不仅收获了友谊，更多的是改变，所以此时，"Yes，I can"对我来说，是改变。

第20届，我申请做辅导员，幸运的是我成功了。到的第一天，发现即使我已经有一段时间没有来这个大家庭，仍然毫无间隙，这种感觉就像虽相隔千里，心却相系。即使不见，心有灵犀，世事变迁，沧桑过往，你我一句"山长水阔，别来无恙"，挺好。

第一次当辅导员，还是遇见了很多难以应付的问题，后来一个做了几次辅导员的哥哥和我说："做了辅导员，考虑的就不是自己，而是团队，做了辅导员，抱怨的就不是队友，而是自己。与其闷闷不乐地混日子，不如改变自己，然后努力。"这时我才发现，原来"Yes, I can"是一个圈，我们一开始来的时候，辅导员们自己作为榜样，引导我们进步，如今我们成长了，又不断努力，让别人以我们为榜样，有种"落红不是无情物，化作春泥更护花"的感觉。这时的"Yes, I can"对于我来说，是担当。

我是个有勇气做事的人，却不是个有耐心改正，把事做好的人，别人一说我的缺点我就会不开心，后来参加了"非凡口才"，才发现自己平时觉得还可以的口才在别人面前并不是很出彩。前几次的演讲也错漏百出，但是每一次捷哥都悉心教导我，我也不会有抵触情绪，是因为我觉得那不是高高在上的教育，而是一种朋友般的引导，所以我听取了捷哥的意见，进入了前三强。在选出冠军和亚军时，我没有特别在意。凯撒大帝说"我来了，我看见，我征服"，我认为"我来了，我看见，我用心"。

改变，担当，成长，这些词语凝聚成一句话——"得之，我幸"。感谢捷哥，正如捷哥所说："一个青少年生命中最大的幸运，莫过于他在年富力强的时候发现了自己的使命！有了直面挑战的勇气，做出选择时的果断，说干就干的执行力，永不认输的一颗赤诚之心！"在我还没有到叛逆

附录
"Yes, I Can"青少年学员见证

期的时候遇见了捷哥,少走了很多弯路。如果不是来到这个课堂,我难以想象一个人到底要对青少年多么重视,才会在自己事业的顶峰时放弃,放弃一年所有的节假日,来培养一个个青少年,有时认为捷哥对自己太严格了,不经意间,的的确确的,捷哥生出了白发,不是阿谀奉承,不是油嘴滑舌,人活着就是为了给社会创造价值。杨过说"侠之大者,为国为民",而捷哥放弃了自己很多的生活,是为了培育我们。所以我更努力地生活,是为了不让捷哥失望,不让父母失望,不让所有关心我的人失望,生活总是千变万化,总有那么多不如意,总有那么多不顺心,这个世界几乎不合所有人的梦想。只是有些人可以学会遗忘,有些人却坚持。只要自己坚守自己的理想,就不会被打倒,再大的风浪阻挡不了我们前进的方向,坚持就是胜利,无论怎样,都不认输。因为我知道,无论我是成功还是失败,你们都会在我身边,我少年时期,最好的回忆是遇见了捷哥,遇见了你们,还是那句话——"得之,我幸"。

回忆是犹如灵光一现的天赋异禀,是无可复制的才华横溢,是画龙点睛的神来之笔。

不能找,只能等

所谓天成

"同心多异路,永为皓首期"

那么下次再见

9. 独立·勇气

文 / 辅导员 谭智元
第十届 "Yes, I can" 毕业生

遇见捷哥·"Yes,I can"

我第一次来到捷哥的课堂是在 2012 年的 10 月份，我记得那个时候妈妈跟我说："你胆子小，不敢在公众场合说话，我帮你报了一个口才班，锻炼一下你的口才。"当时我在想：根据以往的经验，这种事情一般都挺好玩的。于是我就答应了妈妈，来到了捷哥的课堂。当我来到捷哥的课堂后，发现其实还挺好玩的，当我玩了几天后，我听到了一个消息，让我受到了不小的惊吓——每个人必须上台演讲。听到这个消息的时候，我整个人都不好了，我想尽了所有的办法去逃避，但是都无济于事，最后为了不让团队被扣分，我硬着头皮在台上磨了五分钟，最后红着脸下了台。

初见捷哥：萌萌哒！捷哥的第一堂课就教给了三样东西：责任、勇气、自信。从那以后，我开始对舞台不那么惧怕，我开始喜欢上这个舞台，开始喜欢在这个舞台上与大家分享自己的故事。看着如今能在台上落落大方的自己，我很想感谢一个人，那就是陈捷老师，我们的捷哥。他对我来说，是师长，更像是知心朋友。每当我迷茫的时候，捷哥总会像一盏明灯一样，为我指明前行的方向。捷哥是无私的，他总是会为他人着想，他努力地工作，只为了能够帮助更多的人。这就是我们的捷哥，宇宙第一帅气的捷哥。

亲爱的妈妈也功不可没,参加捷哥课程多年每次都来接我!你陪我学习,我陪你长大!

独立

⊙如果你从来没有考虑到自己的未来是什么样子,期待的人生是何种图景;

⊙如果你从来没有为热衷的、感兴趣的事情努力,只是习惯地走别人安排好的路;

⊙如果你从来都只是把眼光放在别人身上,追求别人想要的,而不会反躬自省、思索自己的路在哪里、如何完善自我;

⊙那么,你还没有成为一个独立的个体。

后记

有人说，教育是一首诗，一首激情澎湃的诗；

有人说，教育是一幅画，一幅色彩斑斓的画；

也有人说，教育是一首歌，一首常唱常新的歌。

我想说，教育是一把钥匙，一把打开家族兴旺大门的钥匙。

投身家庭教育行业的十余个年头，我和我的团队相继开设了"Yes, I can"青少年国际课程、"非凡口才"青少年领袖训练营、"家族影响智慧"父母课堂等一系列对孩子、对父母、对家庭影响深远的课堂，一路走来，我们帮助孩子增加自信、开阔眼界、成就梦想，我们帮助父母从失败的教育中觉醒，我们帮助越来越多的家庭开启兴旺的大门。

我深知对于一个学生来说，为了梦想努力，为了目标奋斗的精神是多么重要，为此，我们特别开设了"Yes, I can"青少年国际课程，在"Yes, I can"我们点燃了孩子内心追求知识和智慧的火焰，我们帮助孩子实现梦想、达成目标，引导孩子在追梦的路上勇敢前行。

人们常说，孩子就像早晨八九点钟的太阳，朝气蓬勃，作为一个教育工作者，我希望所有孩子都能在冉冉升起之后发出最炙热、最闪耀的光芒。在秉持着美好期待的同时，我知道为孩子的未来保驾护航，不仅要做好他们的导师，为他们指引方向，更应该帮助他们打造一个健康成长的环境，

后记

所以，我和我的团队又创办了"家族影响智慧"父母课堂。

孩子并不是单独的个体，每一个孩子背后都有一对父母，一个家庭。当父母之间问题重重、家庭内部千疮百孔时，无论多优秀的孩子，也会慢慢失去色彩与光芒，最终失去未来人生的希望。在"家族影响智慧"的课堂上，我们教会父母经营家庭、经营孩子、经营事业，我们帮助父母找到与孩子相处的正确方式方法，在这里无数父母学会了如何建立美满家庭，如何破解教育密码，如何点亮孩子的人生。

至 2018 年 2 月，我们的"Yes, I can"青少年国际课程在全球已经成功举办了 21 届，我们"家族影响智慧"课程的足迹在遍及北京、上海、广州、长沙、南京、苏州、常州、福州、珠海、深圳等中国多个重要城市之后，也已成功举办 60 届。为了培养千千万万贤德的孩子，引领千千万万智慧的父母，造就千千万万幸福的家庭，我们努力奋斗。不管世界如何变化，我们将坚守这份使命：我相信我们的坚持将让更多孩子、更多父母、更多家庭受益；我相信我们的贡献将让家庭教育事业更辉煌；我相信我们的理念将让更多人与我们携手，一起让我们的下一代更加优秀和卓越，让我们的家族更加兴旺！让我们的社会更加美好！同时，真诚地祝愿每一位拥有《家族兴旺从父母觉醒开始》这本书籍的家庭越来越幸福和谐！我们伟大的祖国更加繁荣昌盛！